はじめての人のための
中学校理科の『学び合い』

三崎 隆 著

大学教育出版

はじめに

　私が中学生だった頃，様々なテストがありました。それらは，回答に対して正答か誤答かに判断されます。数字であれば，有効数字も含めて求める答えに合致していなければ，少しでも違っていたら誤答と見なされます。

　単語や語句も適切に表現できていなければ正答と見なされることはありませんでした。それは，当時は当たり前のことでしたから，必死に覚えたものです。一つでも欠けたら，少しでも違っていたらアウトでしたので。

　今思えば，それらは言わば，答えが一つだけある課題に対して，いかにしてその答えの求め方を効率的に理解し正確に短時間で答えを出し，長期的に活用できるよう暗記することができるかに注力していたような気がしてなりません。日本が先進国の教育に追いつこうとして懸命であった頃の教育のように思えてきます。

　しかし，これからの時代は，そのような時代ではありません。日本は世界のいろいろな国から追いつかれようとさえする国の仲間入りをしています。

　答えのない課題に対してどう考え，判断するか，そしてその解決に向けて周りの人たちといかにして協働で取り組んでいくことができるか，自分はそれに対していかに貢献できるのかが，ますます求められていきます。

　もちろん，当時から今に至るまで変わらない普遍のものもあります。ただ，その普遍のものはインターネットで検索すれば，あっという間に解決するものです。タブレット端末を一人１台用意すれば良いことです。

　30年後を担う子どもたちが30年後の未来を幸せに生きるためには，いったいどのような力を付けてあげることが必要なのでしょうか。

　実は，それが，『学び合い』（二重括弧の学び合い）と呼ばれる３つの考え方を子どもたちと共有して行う授業によって育てられる力に他ならないのです。

　『学び合い』（二重括弧のまなびあい）は，誰一人として見捨てられることのない共生社会の実現を目指す，一人も見捨てられないことを大切にする集団を

創る教育の考え方です。

　3つの考え方とは，次のものです。

○子ども観

　子どもたちは有能であるという考え方。

○授業観

　教師の仕事は目標の設定，評価，環境の整備を行うことで，教授（子ども
から見れば学習）は子どもに任せるという考え方。

○学校観

　学校は多様な人と折り合いをつけて自らの目標を達成する経験を通して，
その有効性を実感し，より多くの人が自分の同僚であることを学ぶ場である
という考え方。

　したがって，『学び合い』（二重括弧の学び合い）は，子ども観と学校観の2
つの考え方をしっかり享受し，それに伴って必然的に生じる授業観の考え方を
教師と子どもたちが共有した上で展開される集団づくりの教育と言っても差し
支えないのです。

　さあ，本書を手にしたあなたも，私たちと一緒に始めましょう。

　30年後を担う子どもたちに対して，30年後の未来を幸せに生きるために必
要な力を付けさせてあげることのできる『学び合い』（二重括弧のまなび合い）
の考え方を共有した授業を。

　本書が，中学校の理科の授業で，ゼロから『学び合い』を学びたいと思って
いる人たちの羅針盤になるならば，それほど嬉しいことはありません。

2018年7月

　　　　　　　　　　　　　　　　　　　　　　　　　　　　　　　編者

はじめての人のための中学校理科の『学び合い』

目 次

はじめに …………………………………………………………… 1

第1章 必ず成功する『学び合い』の授業は，
どこが違うの？ ………………………………………… 7

1. 『学び合い』ってどんな授業？　8

2. 『学び合い』はサンドイッチ構造？　14

3. 『学び合い』のリフレクションでのポイントは3つ？　16

4. 『学び合い』でコンピテンシーは大丈夫？　20

5. 『学び合い』で育成される能力によって30年後を担う子どもたちの
   能力が培われるってホント？　22

6. これからは，どんな子どもたちを育てなければならないの？　26

7. 『学び合い』の考え方による授業を受けた生徒はどう思ってるの？
   30

第2章 中学校の理科で必ず成功する『学び合い』の授業は，
どこが違うの？ ……………………………………… 33

1. 理科でうまくスタートさせ継続できる『学び合い』はここが違う
   34

2. 単学級『学び合い』と異学年合同『学び合い』　44

3. 学校観を大切にした理科の『学び合い』　53

4. 私の『学び合い』実践メモ—3つのステップと4つのパート—
   61

5. 『学び合い』に取り組んで，乗り越えて，生徒からもらって　77

目次　5

第3章　はじめてでも指導案があれば安心！
さあ，レッツ・チャレンジ！ ……………………………… 89

1. 『学び合い』の授業の指導案をつくってみよう　*90*

2. CHALLENGE 1　指導案の実例1：
   1年物理「身の回りの物質（金属の性質）」　*92*

3. CHALLENGE 2　指導案の実例2：
   1年化学「身の回りの物質（ロウが燃えた後の物質）」　*94*

4. CHALLENGE 3　指導案の実例3：
   1年生物「葉のつくりとはたらき」　*96*

5. CHALLENGE 4　指導案の実例4：
   1年地学「大地の変化」　*98*

6. CHALLENGE 5　指導案の実例5：
   2年物理「電流とその利用」　*100*

7. CHALLENGE 6　指導案の実例6：
   2年化学「化学変化と原子・分子」　*102*

8. CHALLENGE 7　指導案の実例7：
   2年生物「動物のからだのつくりとはたらき」　*104*

9. CHALLENGE 8　指導案の実例8：
   2年地学「天気とその変化」　*106*

10. CHALLENGE 9　指導案の実例9：
    3年物理「運動と力」　*108*

11. CHALLENGE 10　指導案の実例10：
    3年化学「化学変化とイオン」　*110*

12. CHALLENGE 11　指導案の実例11：
    3年生物「生命の連続性」　*112*

13. CHALLENGE 12　指導案の実例12：
    3年地学「地球と宇宙」　*114*

あとがき ……………………………………………………… *117*

第1章

必ず成功する『学び合い』の授業は，どこが違うの？

8

1. 『学び合い』ってどんな授業？

(1) 最初の語り（5分）

　今日の授業の目標とゴールを板書します。「みんなができることが大切だ」と語ります。

　活動の終了時刻を板書します。「できた！」コーナーを作ります。黒板の一角には全員分のネーム・プレートを準備します。

第1章　必ず成功する『学び合い』の授業は，どこが違うの？　　9

(2) 探究活動を子どもたちに委ねる（約35〜40分）

教師の「はい，どうぞ」によって，子どもたちの探究活動が始まります。

数人のグループになって，一緒に学びます。

「分からない人はいませんか？」と，困っている友だちを探して，立ち歩きます。

　向こうにもこちらにもグループができて，OKになると解消され，また新しく別なところにできます。答え合わせを自分たちでして，学びの和を広げます。

　分かる子できる子がどんどん増えていきます。「チームで学修する力」が発揮されます。

(3) 最後の語り（5分）

　時間になると席に戻ります。最後に全員の目標達成を評価して，みんなでその結果を確認します。そして，みんなができるために自分には何ができたのかをリフレクションします。

（中学校理科の異学年『学び合い』の授業を例に）

●**最初の語りではみんなでみんなが目標達成する大切さを語る。**

『学び合い』の授業は，

(1) 最初の語り（5分）

(2) 探究活動を子どもたちに委ねる（約 35 〜 40 分）

(3) 最後の語り（5分）

の流れです。

「(1) 最初の語り（5分）」でのポイントは，次の点です。

・授業の目標とゴールを**授業の最初に示す**ことです。

・目標は，練りに練ったものでなく，**生徒が誤解しないようなものにすること**です。**本当に必要なことだけを残し**，後はそぎ落とすことです。

・目標は，生徒が**自己評価する**ことのできるものにすることです。

・目標とゴール，合格基準はいずれも，**授業前に決めておく**ことです。授業が始まったら何があっても絶対に**変更しない**ことです。

・授業が始まったらすぐに，次のことを言うことです。

「学校の授業は「みんなで助け合ってみんなが目標達成できる」ことが大切です。自分には何ができるか考えながらやってみましょう。」

●**活動中は「〜いいんだよ」と語る。**

「(2) 探究活動を子どもたちに委ねる（約 35 〜 40 分）」でのポイントは，次の点です。

・生徒の活動が始まったら，次のように言うことです。**ポイントは「〜していいんだよ」**です。「いいんだよ」と発話することによって，言動の決定権を生徒に委ねることです。

「おしゃべりしていいんだよ」

「席を立って動いていいんだよ」

「『一緒にやろう』ってやっていいんだよ」

「遠慮しなくていいんだよ」

・生徒の**学習状況（望ましいことも望ましくないことも）を可視化**します。そ

第1章　必ず成功する『学び合い』の授業は，どこが違うの？　*13*

の際，伝えたい状況を知らない子が一人もいなくなるように少し大きめの声で発話することがコツです。

●リフレクションでは集団に語る。

「(3) 最後の語り (5分)」でのポイントは，次の点です。

・全員が目標達成できたかどうかを，**知らない子が一人もいない状況を作る**ことです。

・全員が目標達成したとしたら，「なぜ，全員が目標達成したのでしょうか。**今日の授業でみんなの目標達成に向けて自分は何ができましたか。振り返ってみましょう。何か良かったことがあるはずです。次の授業ではそれを意識してやってみましょう。期待しています。**」と語ります。良かったことを意識してできるようになれば，偶然ではなかったことを証明できます。

・全員が目標達成できなかったとしたら，「なぜ，全員が目標達成できなかったのでしょうか。**今日の授業でみんなの目標達成に向けて自分は何ができましたか。振り返ってみましょう。何か足りなかったことがあるはずです。次の授業では「こんなふうにしたら良いだろう」と思うことをやってみましょう。期待しています。**」と語ります。目標を達成した生徒にも目標を達成できなかった生徒にも足りなかったことがあるから，全員の目標達成が果たせなかったのです。その点をリフレクションさせて，次の授業に生かせるよう語ります。

『学び合い』の授業は，この3つの考え方を子どもたちと共有し，学校で学ぶ意義を語り，子どもたちの力を信じて任せる授業で，その授業を進めるためには，

■"語り"をする

■誤解されない目標を出す

■生徒に任せる

■評価して還元して全員で共有し，リフレクションする

　ことがポイントです。

2.『学び合い』はサンドイッチ構造？

●『学び合い』の授業はサンドイッチ構造を成す。

　『学び合い』の授業は，日本型のサンドイッチに例えられます。

　サンドイッチを作るときは，2枚のパンは予め用意されていて，そこにどんな具を挟むかを各自が工夫します。サンドイッチの良さは，2枚のパンの間にどんな具を入れてどんなサンドイッチにするのかをサンドイッチを作る人の自由な選択が保証された環境の下で自由に作ることができる点にあります。サンドイッチの具を決める決定権が，サンドイッチを作る人に委ねられている点を見逃せません。

　しかし，2枚のパンがなければ，サンドイッチにはなりません。

　これを授業に照らして考えてみるとどうでしょうか。

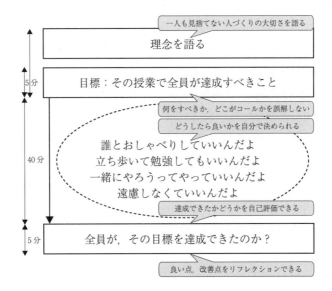

第1章 必ず成功する『学び合い』の授業は，どこが違うの？　15

『学び合い』の授業は，このサンドイッチ構造を成しているのです。

サンドイッチで言う上のパンと下のパンに相当するものを用意するのは教師ですが，その間の具に相当するものをどうするかを決めるのは，子どもたち自身なのです。

授業の場合，上のパンに相当する，授業で教師の用意するものが，授業の冒頭で提示する目標です。サンドイッチを作るときにパンが用意されていてサンドイッチ作りが始まるように，授業を受けるときには多くの場合，教師によって目標が用意されて授業が始まります。

一方，下のパンに相当する，授業で教師の用意するものが，授業の最後に行う評価とリフレクションです。サンドイッチを仕上げるときにパンが用意されていて，挟む具が仕上がったら最後にパンを挟んでサンドイッチが完成するように，授業を受けるときには，教師によって評価の場が提供され，リフレクションが行われて授業が終わります。

ですから，上下2枚のパンがなければ日本型のサンドイッチにならないように，授業冒頭の目標の提示と授業の終わりの全員が目標を達成したかどうかの評価とリフレクションがなければ，『学び合い』の授業にはならないのです。

そして，間に挟む具に相当するのが子どもたちに任せる時間つまり子どもたちの活動時間です。サンドイッチを作る人が自分の食べたいサンドイッチにするために具を決めるように，授業では，どのように目標に向かい，どうやってゴールにたどり着くのかを考え判断し，決めて行動を起こすのは子どもたち自身です。それを考えられるのが子どもたち自身だからです。

つまり，どのようにして目標達成に向かったら良いのか，みんなが目標達成するためには自分はどうしたら良いのか，その方法は，彼らが自分で考え判断し決断して行動に移すのです。

3. 『学び合い』のリフレクションでのポイントは3つ？

● 『学び合い』は授業最後のリフレクションでの語りが欠かせない！

「『学び合い』の考え方による授業は，目標が重要ですね」とよく言われます。確かにその通りなのですが，**忘れてはならないのは，出した目標を全員が達成したのかどうかを分からない子が一人もいない状況を作ってあげなければならないこと**です。授業者だけが分かっているだけでは仕方がないのが，『学び合い』の考え方による授業の特徴です。

その上で，**なぜ全員が目標達成できたのか，なぜ全員が目標達成できなかったのかをリフレクションさせること**です。そのことが，目標を作ること以上に重要でかつ大切なことです。それがない『学び合い』の授業は学校観の理念が疎かになった授業です。目標だけですとサンドイッチ型にならないのです。

● リフレクションでの語りのポイントは3つ！

授業終了時に行うリフレクションで語るときのポイントは3つです。

(1) 何ができたかをリフレクションさせること

まず一つ目の大切なリフレクションの要素は，授業の中で，**みんなが目標を達成するために自分は何ができたのかをリフレクションさせること**です。自分のしたことを冷静に振り返らせて事実を思い起こさせます。

(2) 自分にできたことが良かったのか足りなかったのかをリフレクションさ
   せること

　二つ目の大切な要素は，（1）で振り返らせた**自分の取った行動がみんなの
目標達成にとって良かったことなのか足りなかったところがあることなのか**を
リフレクションさせることです。その上で，良かったとしたら何が良かったの
か，足りなかったとしたら何が足りなかったのかをはっきりと意識させること
がポイントです。それが次の授業で汎用性の高い判断と行動を引き起こしま
す。

(3) 良かったにせよ足りなかったにせよ，次の授業ではどうしたらよいのか
   をリフレクションさせること

　そして，3つめが，**それでは次の授業でどうしたらよいかをはっきりと意識
させる**ことです。良いことであったとしたら，それを意識して意図的に行動と
して自分だけでなく周りの友だちとともに発現させることによってみんなの目
標達成が確実なものになります。

　一方，何か足りないところがあったとしたら，次の授業では具体的にどのよ
うな行動を起こしたら良いかを考えさせて実行させるモチベーションを高める
ことです。それが折り合いの付け方についての汎用性を高める結果を生むこと
になります。

●『学び合い』は，みんなができなかったとき集団に語る！

　『学び合い』の考え方ではない授業では，みんなができなかった場合，まず
ほとんどの場合，できなかった個人に対して個別に対応します。受ける質問は
必ず「目標を達成できなかった子がいたら，その子に対してどのような指導を
するんですか？」と。個への対応を考えることが優先されます。

　一方，『学び合い』の考え方による授業では，**みんなができなかった場合，
できなかった個人にはアプローチせず，全員目標達成を果たせなかった集団全
体に働きかけます**。集団への対応を考えることが優先されます。目標を達成す

るための最善の方法を考えられるのは，目標を達成できなかったその子自身だからです。

　だからこそ，授業最後のリフレクションでの語りなくして『学び合い』の授業の成功はないとも言えるのです。

　〈みんなの目標達成が果たせなかった場合〉

　『学び合い』の考え方ではない授業　→　できなかった子への個別指導

　『学び合い』の考え方による授業　　→　できなかった集団への語り

●大切なのは，授業終了時のリフレクション！

　『学び合い』の授業で大切なのは，授業終了時のリフレクションです。その理由を説明しましょう。

　『学び合い』で言うところのリフレクションとは，その日の単位時間の授業で「みんなができる」ために自分には何ができたのかを振り返らせることです。

　3分程度の短時間でもかまいませんから，リフレクションを促す言葉かけを自分の言葉で語ります。その上で，**最後に「次の授業ではさらに期待している」**ことを語って，**授業を終わりにします。**

　誰かを指名して起立させ，発言させる必要はありません。

　内省させるだけでOKです。

●「みんなができる」ことを達成できることは素晴らしいこと！

　私たちは生来持っているあるいは生後獲得してきた人種，性，言語，習慣，文化，その他社会的状況等は多様ですから一人ひとりがみんな違っていて当たり前であることと同じように，一人ひとりの理解の仕方も違っていて当たり前です。

　そんな状況下で，「みんなができる」ことを達成できたとしたら，**素晴らしい**ことです。みんなが違っていて当たり前の多様性の中で，みんなが目標を達成できることは何よりの喜びです。

第1章 必ず成功する『学び合い』の授業は，どこが違うの？　19

● 「みんなができる」ことを続けられることはもっと素晴らしい！

　「みんなができる」ことを達成できたのは何が良かったのか，その要因をメタ認知することができれば，次の授業でもその良さをさらに発揮することができて，**再度「みんなができる」ようになるはずです。そうなったら，もっと素晴らしい**ことです。それを期待するのです。

　一方，「みんなができる」ことは多様な理解の下であるだけに，なかなか難しいことでもあります。

　「みんなができる」ことが達成できなかったとしたら，何が足りなかったのか，どこを改善したら良いのかを内省させるのです。それをメタ認知することができれば，次の授業でその点を改善することができるはずです。自分たちで考え判断して実際に行動したことによって，「みんなができる」ことを達成できたとしたら，それほど嬉しいことはありません。もっと頑張ろうと思うきっかけになります。

● 『学び合い』は，みんなができなかったとき集団に語る！

　そうすれば，今後こそ「みんなができる」ようになるはずです。

　そうなったら素晴らしいことです。

　それを期待するのです。

　この繰り返しが，アクティブ・ラーニングで求められている認知的能力はもちろんですが，倫理的，社会的能力を育成するだけにとどまらず，その汎用的能力を育てるのです。

　それは，『学び合い』の授業で，授業の最後のリフレクションを大切にする理由です。

　リフレクションでの語りがあれば，『学び合い』の授業はいつも成功すること間違いなしです。

4.『学び合い』でコンピテンシーは大丈夫？

●新しい時代に必要となる資質・能力が求められている。

　平成29年3月に公示された学習指導要領では，新しい時代に必要となる資質・能力を踏まえた目標・内容等の見直しに加え，主体的・対話的で深い学び（アクティブ・ラーニング）の視点からの学習過程の改善とともに，新しい時代に必要となる資質・能力の育成が求められています。何を学ぶかに加えて，どのように学ぶか，そして何ができるようになるかが要求されているのです。

　各教科においては，教科の目標を達成すべく教科の内容を主体的・対話的で深い学びによって進めた結果，新しい時代に必要な資質・能力が身に付いたのかどうかを評価できるような授業が，日常的に展開することになります。

　それは，認知的な能力だけでなく，倫理的な能力や社会的な能力も同時に獲得することが必要ですし，そのときだけのものとしてではなく，その後も生きて働くような汎用性の高い能力として身に付けなければなりません。『学び合い』の授業ではそれらがすべて身に付きます。

●みんなの目標達成を求めることによって認知的能力が高まる。

　『学び合い』の授業は，みんなの目標達成を求めます。授業の最後には，目標を全員が達成できたかどうかを評価してみんなでその結果を共有します。

　ですから，目標を達成しようとして，だれもが一生懸命取り組むようになります。分からない子は教えてもらおうと自由に立ち歩いて周りの子どもたちに聞き始めます。「これってどうなるの？」とか「なんでこうなるの？」とか。分かる子は分からない子を探して教えてあげるようになります。「分からない人いませんか？」とか「一緒に考えよう」とか。その結果，**分からない子がい**

なくなるので，その集団の中の子どもたちの認知的な能力は自ずと高まります。

●みんなを求めることによって倫理的，社会的能力が高まる。

　『学び合い』の授業は，自由に発話，行動できる文脈下でみんなの目標達成を一貫して求めます。"みんな"が求められる文化の下では，クラスのみんなが目標を達成できるようになるために自分には何ができるのかを考えるようになります。考えたことを試してみます。試してみて，それでもみんなが目標を達成できなかったとしたら，自分の言動を周りの友だちとの関わりの中で振り返って，また考えます。

　「自分の何が足りなかったんだろうか」とか「分からないと言ってた子にはどうやって関わったらいいんだろう」とか。その結果，**自分が考え判断して取った言動を社会的状況の中でリフレクションするので，その集団の中の子どもたちの倫理的，社会的な能力は自ずと高まります。**

●みんなを求めてリフレクションすることで汎用性が高まる。

　『学び合い』の授業は，みんなの目標達成の成否をリフレクションしながら，"みんな"を一貫して求めます。なぜみんなが達成できたのか，なぜみんなが達成できなかったのかを求められる文化の下では，足りないことがあったとしたら何をどれだけどうやって補ったら良いかを，また考えます。次の授業の時に，考えたそのことを試してみます。そこには，自分だけでなく，クラスの中にいる自分以外の友だちがいます。その友だちとの関わりの中で，トライ・アンド・エラーした結果を次の授業でどう生かせば良いかをリフレクションします。

　その結果，単位時間での学びについてのリフレクションによって次の授業での自分の言動を考え判断し**次の行動としてアクションを起こすので，その集団の中の子どもたちの汎用的な能力が自ずと高まります。**

5. 『学び合い』で育成される能力によって 30 年後を担う子どもたちの能力が培われるってホント？

●印刷が大変な時代だったからこそ黒板を写すことが意味を持った。

　30 年後の社会を考える前に，今から 30 年前の学校の職員室の話を少しすることにしましょう。

　当時，自動輪転機が現れるまでは，印刷はすべてガリを切っていたものです。印刷のプロは専門業者の印刷所だけです。学校現場ではすべてガリ切りです。印刷するためには，輪転機に貼り付けるためのパラフィン等が塗ってある専用の印刷用原紙がありました。薄くてむこうが透けて見えるほどで表面に文字を書きやすいようにマス目が印刷されているものです。そこに専用の鉄筆で文字を書いていくのです。文字を書くと原紙に傷が付く（その部分だけ孔が空く）ので，輪転機に貼り付けてインクをしみ出させるとそのガリを切った（傷つけた文字）部分だけにインクがしみ出して用紙に印刷される仕組みです。

　30 年前はそんな時代です。そのガリ切りがものすごく大変なのです。専用のペン（鉄筆）で強く書けば，原紙が切れます。使い物になりません。輪転機に貼り付けても孔の空いたところからインクがしみ出しすぎて真っ黒になって読むどころではないからです。力を入れなければ，原紙が破れる心配はありませんが，今度は印刷しても文字が読めないほど薄いのです。「読めない印刷物など，配るな！」と言われて，その場でまるめられてポイ捨てされたこともあります。

　学校現場で，素人が"印刷する"というのは大変なことだったのです。30 年前の学校現場を知らない人には分からないと思いますが，そんな時代です。だから，印刷をする労力を考えれば，黒板に書いたり必要なことをしゃべったりして，子どもたちに書き留めさせることが重要な意味を持ちました。だから，授業を受けるのにノートが必需品だったのです。教科書を忘れてもノートだけ

第1章　必ず成功する『学び合い』の授業は，どこが違うの？　23

は忘れてはならないような時代でした。

● 30年前は学校で得られる情報が貴重な時代

そのような時代ですから，紙の情報伝達は貴重でした。本による情報伝達が全てであったと言っても過言ではありません。当時，ラジオやテレビも普及し始めてきましたが，教育番組はほとんどなく，学校教育に対応できる情報源は本のみだったと言えます。そんな時代ですから，学校で得られる情報は貴重です。教師が黒板に書いてしゃべることが貴重だった時代です。子どもたちは必死でノートに書き写します。黒板に書かれたことを書き留め忘れたら，それこそアウトです。教師がしゃべった"大切なこと"をノートに取り忘れたら大変なことになります。必死でノートに書き写したものです。コピーなどと言うものはありませんでしたから，書き忘れたら友だちのノートを借りて，手記にて書き写すのみです。

そのような時代には，教師がチョーク1本で一斉授業をして，情報を子どもたちに伝える授業や教師主導で大切なことをしゃべって子どもたちが書き留めていく教師の能動的な授業が有効だったのです。学校において，教育情報は教師からしか入ってきませんでした。教師が黒板に書いたこと，教師がしゃべったことによって伝える情報が，本の代わりだったのです。

しかし，今はどうでしょうか。教育情報は教師からしか入ってきませんか？

そんなことはありません。教育情報があふれています。Web上からあっという間に入手できる時代です。タブレットを一人1台用意すれば十分な時代です。一斉指導する教師の役割は，タブレットが十分に果たします。今は，ガリを切る時代ではありませんから，一斉指導で教師だけが情報を伝える時代ではないのです。本だけが貴重な時代，教師の書いたことや言ったことを書き留めたノートだけが貴重な時代は30年も前の遠い昔の話です。

30年という年月はそれだけの技術革新が起きる年月であるということです。

● 30年後を担う子どもたちのより良い生き方を保障するもの

　30年前に行われていたこのような学校教育での授業は，これまで素晴らしい成果を上げてきました。明治の学制公布以来，欧米の教育に追いつくべく，全ての国民に等しく教育を受ける機会を保障し，その中から次世代の日本を担っていく人材を発掘していくことができました。その成果は世界に誇るものがあります。

　しかし，現代はIT技術の発達により，一人1台のタブレットを持つ時代です。教師が教科書に書いてある内容を黒板に授業のまとめとして書いて，それを子どもたちに対してノートに写させるような授業で学ぶことのできる学習内容は，子どもたちがタブレットでインターネット検索することによって十分に得ることのできる知識や技能です。

　その質と量は，子どもたちの方が凌駕している可能性は否定できません。家に帰ってインターネットで検索してみたら，授業で教師がしゃべったことや板書したことを遙かに超える質と量の内容を簡単に見つけることができたなどということは十分にあり得る時代です。

　それではいったい，何のために学校があるのでしょうか。

　子どもたちに対して，どのような授業をして，どのような能力を修得させてあげるべきなのでしょうか。

　現代は，欧米の教育に追いつき，手本とする教育の国々と肩を並べたとも言える時代です。これからは，世界をリードして30年後を担う子どもたちを育てる教育を他の国々に示すべき時なのではないでしょうか。

　教師に言われるがままに黒板に書かれたことを写し，教師の指示に従って教材を持って来て探究し，教師の指示に従って考え，教師に言われるがままに黒板に書かれたまとめをノートに写すような授業では，より一層国際化していく社会の中で，世界をリードする30年後を担う子どもたちを育てることは困難と言えます。

　今，求められている授業はまさに，子どもたち一人一人が自分で見つけた目標や答えのない目標に取り組み続け，自分たちでチームとして協働しながら解決に至る授業です。教師の書いたまとめをノートに写すのではなく，自分たち

がチームとして協働しながらまとめる能動的な学修です。

そこで培われるであろう能力は，まさに，主体性やコミュニケーション能力，目標解決能力，実行力，協調性，そして前に踏み出す力，考え抜く力，チームで働く力であろうことは十分に予想できます。

黒板と紙と鉛筆が頼りであった30年前の授業形態から，**子どもたちが能動的に探究しチームで協働していく学修の展開する授業形態に変えていくことが，30年後を担う子どもたちの生きる道を切り開かせることにつながる**と考えられます。

換言すれば，それが，30年後を担う子どもたちのより良い生き方を保証するとも言えます。30年後の未来には，すべて，自分で考え，自分で判断し，自分で行動を起こさなければならないからです。

30年後にリストラされる可能性も否定できません。そのときに助けてくれたり親身になって一緒に考えたりしてくれるのは，共にチームとして協働して学修した学校時代の仲間たちです。

『学び合い』の授業では，みんなの目標達成を求めます。どのようにしてゴールに向かうかを考えるのは自分たちです。答えはありません。答えがないだけに，「はい，どうぞ」とゴールまでの道順を任されたら，自分たちでどうしたらよいかを考え判断し動くしかありません。友だちと折り合いを付けながら，チームで協働するしかありません。うまくいくときもあればうまくいかないときもあります。しかし，何がうまくいく方法なのか，その答えもありません。自分たちでトライして見つけるしかないのです。その繰り返しです。

だからこそ，『学び合い』の授業は，30年後を担う子どもたちに必要となる能力の獲得をかなえてくれるのです。

6. これからは，どんな子どもたちを育てなければならないの？

●今も 30 年後も，「自分は一人じゃない」と思える所属感を育む

　技術革新がますます進むであろう 30 年後の社会はどのようになっているのでしょうか。

　現在でさえ，ロボットだけで対応するホテルが開業したり，ゴルフ用ロボット等のようにかなり複雑な動きをするロボットが現れたりするくらいですから，30 年後になれば，人間がしている複雑な動きの求められる仕事でも，ロボットに取って代わられても不思議ではありません。

　インターネットで検索すれば，「数十年以内には，今ある職業の半数以上はなくなる」ことを簡単に見つけることができます。今後は，人工知能が，今ある職業の盛衰を決めることになります。おそらく，ルーティン化できるものは人工知能の得意分野ですから，それらを応用できる職業はなくなることでしょう。専門職の代表格である医師や教師も，すべてではないにせよ，それは例外ではないかもしれません。

　30 年後を間違いなく見通すことのできることは，少子・人口減少が進み，人工知能を備えた機械がより一層増加し，IT がより一層普及している社会です。そのような社会の中で生きる子どもたちが，より良く生活していくことのできる能力というのはいったいどのようなものでしょうか。

　そのような社会においては，インターネットで検索すれば答えの分かる知識ではありませんし，人工知能を備えたロボット等の機械にできる技能でもありません。そのように考えると，30 年後の少子・人口減少化がより一層進んで，人工知能を備えた機械で周りが満ちあふれている社会で必要な能力は，人工知能に代替されにくい能力であると言えます。

　それはまさに，**答えのない目標に自ら働きかけ，自分で考え判断しながら主**

第1章　必ず成功する『学び合い』の授業は，どこが違うの？　27

体的に取り組み続け，チームとして協働してより良く解決していくことのできる能力であると言えるのではないでしょうか。それはチームとして人と関わり続けたときに修得できる力です。

　それらは，コミュニケーション能力，協調性，チームで働く力であり，それらが育まれる過程において修得できる主体性，目標解決能力，実行力，前に踏み出す力，考え抜く力です。30 年後を担う子どもたちの 30 年後の未来に必要な「職場や地域社会で多様な人々と仕事をしていくために必要な基礎的な力」としての社会人として必要となる基礎的な能力に他なりません。

　毎単位時間の『学び合い』の授業によって，認知的能力と倫理的，社会的能力の 2 つの能力の汎用的能力が同時に培われるからこそ，修得できることに他なりません。また，一つの目標の達成に向けてチームが一丸となって協働しながら解決していく過程で培われるものです。決して，一人だけで誰とも関わらず単独でできるものではありません。

　確かに，自分だけの努力によって目標解決能力や実行力は修得できるかもしれませんが，コミュニケーション能力，協調性，チームで働く力は修得できるものではないからです。チームで一丸となって協働して目標達成に向かうものであるからこそ，困ったときにいつでも助けてもらえる環境がそこにあり，困っている状況があればチームとして関わって改善を図ることのできる環境がそこにあるのです。

　その汎用性の高い能力が，30 年後を担う自分の助けとなりますし，30 年後を担う子どもたちの所属するチームを救う糧ともなるのです。今も，30 年後も，「自分は一人じゃない」と思える所属感がそこに育まれます。

　『学び合い』によって育成される能力が，30 年後を担う自分やチームにとっての支えになるからこそ，『学び合い』が求められているのです。

●チームとして同僚性を発揮して協働できる子どもたちを育てること

　30 年後を担う子どもたちが，30 年後の未来に，困ったときに誰からでもいつでも助けてもらうことができたり，困っている状況が生じたときにチームと

して同僚性を発揮してみんなで一緒に助けてあげたりして，お互いに支え合いながら生きていくことのできるようにしてあげることがとても大切です。それが，30年後を担う子どもたちの30年後に生き残る道だからです。

そこに求められる能力は，汎用性の高い認知的であり，かつ倫理的，社会的な能力です。『学び合い』によって育つこれらの汎用性の高い能力は，チームで一丸となって協働するときに培われます。

その過程において，子どもたちの中には次のような様態が現れることが期待できます。それも，特定のだれか一人や数人ではなく，すべてのみんなに一人残らず，一様に見られる現象です。

その結果として，30年後を担う子どもたちが，30年後の未来を生きるときにチームとして働く素地が備わり，「職場や地域社会で多様な人々と仕事をしていくために必要な基礎的な力」としての社会人として必要となる基礎的な能力が身に付くのです。

〈『学び合い』の授業によって期待される子どもたちの様態〉

「○○さんができて，ぼくもうれしい。」

「○○さんができなかったのは，ぼくたちのサポートが足りなかったからだ。」

「一緒に考えよう。」（※これが発せられる場合は2つあります。一つは困っている人に対して助けようと試みて関わろうとして声をかけるときです。もう一つは目標達成に向けて協働する同僚性が発揮されるときです。）

これらの子どもたちの様態と，『学び合い』によって育つ能力と，30年後を担う子どもたちに求められている能力の関係をまとめたものが次の表です。

30年後を担う子どもたちが30年後の未来でより良く生活できるのは，『学び合い』によって育まれた能力を持つ，答えのない目標に対して自分で考え判断し，チームとして同僚性を発揮して協働できる人材です。

そのような人材を育てるために，これからは「○○さんができて，ぼくもうれしい。」，「○○さんができなかったのは，ぼくたちのサポートが足りなかったからだ。」，「一緒に考えよう。」と，誰からも強制されずに自分から言える子どもたち集団を創ることです。

第1章　必ず成功する『学び合い』の授業は，どこが違うの？　29

　それは，1年に一度などではなく，毎日の教科の授業で，認知的で，かつ倫理的，社会的な2つの能力の汎用的能力の育成を図る授業を繰り返し積み上げていくことによって実現がかなうのです。それが，本来求められている『学び合い』への一番の近道であると言えます。

　つまり，教科の『学び合い』の授業では，30年後を担う子どもたちの30年後の未来に必要な「職場や地域社会で多様な人々と仕事をしていくために必要な基礎的な力」としての社会人として必要な基礎的な能力を育てているのです。『学び合い』が求められている理由が，まさにそこにあるのです。

期待される子どもたちの様態	『学び合い』の授業で育つ能力	30年後を担う子どもたちに求められている能力
○○さんができて，ぼくもうれしい。	倫理的，社会的能力，経験	（目標達成に関する相互評価と，対人関係の倫理観・良心の高まり，同僚性の発揮）主体性，目標解決能力，協調性，前に踏み出す力，考え抜く力，チームで働く力
○○さんができなかったのは，ぼくたちのサポートが足りなかったからだ。	倫理的，社会的能力，経験	（目標達成に関する相互評価と，対人関係の倫理観・良心の高まりと，同僚性の発揮）主体性，目標解決能力，協調性，前に踏み出す力，考え抜く力，チームで働く力
一緒に考えよう。	認知的，倫理的，社会的能力教養，知識，経験	（目標解決能力の発揮と，同僚性の発揮）主体性，コミュニケーション能力，目標解決能力，実行力，協調性，前に踏み出す力，考え抜く力，チームで働く力

7. 『学び合い』の考え方による授業を受けた生徒はどう思ってるの？

●**勉強がよく分かるし，とても楽しかった!!**

「『学び合い』をやるだけで，そんなに効果があるの？」と不思議に思っている人も多いでしょう。にわかには信じがたいかもしれません。

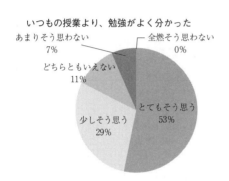

それでは，『学び合い』（二重括弧のまなびあい）の考え方による授業を実際に受けた生徒の感想を紹介します。

中学3年生の64名にアンケートを取ってみると左図のような結果になります。彼らは，いつもの授業より勉強がよく分かるようになると回答しています。

また，具体的には次のような感想を寄せてくれています。

【中2男子】因数分解が今まで分かっていたつもりだったけど，ちょっと変わると分かっていなかった。でも，今日友達と学び合って問題を出し合ったり分かっているつもりじゃなくて分かるようになったので良かった。誰か一人が分かっても他の人が分かっていないと意味がないので，みんなが分かるのは大変だけど，協力したり学んだりしてできるので楽しかった。

【中3女子】私は理科が苦手ですが，今日の理科はよく分かりました。自分で考えたり説明したりしたので忘れることもないと思います。友達や近くの人に「分からない」，「分かった」と言うことはとても大切だと思いました。私もどんどん友達などに聞いて学び合いをしたいです。

【中2女子】いつも自分の考えをうまくまとめることができず困ることが多い

けど，みんなと考えを話し合ったので内容を理解しやすかった。

【中1女子】自分が終わったときには他の終わっていない人の説明を聞くことができました。他の人の説明も聞くことで，そのやり方もあったんだなーと思いました。自分の説明をしっかり友だちに伝えることができ，友だちの説明もしっかり聞き，理解することができたので楽しくできました。

【中1男子】今日の授業で分からないところが分かるようになれた。みんなと相談したりできるので，自分の考えを話しやすい。今日の受業はとても良かった。ふだんの授業でもがんばってみたいと思いました。

【中2女子】自分で理解すること，他人に理解してもらうこと，みんなで協力することの楽しさがよく分かった。友だちに理解してもらおうとすることが自分の力になっていると思った。

【中3女子】分からないところは分かる人の所に自由に聞きに行けるのが良かった。自分が分かった後もいろいろな人に同じことを何回も説明することで，まだ自分が分かっていなかったところを見つけることができたり，より理解を深めることができたりして楽しかった。

【中3男子】いつもだと分かんないと諦めていたけど，今日は諦めずにちゃんと理解できて良かったです。

【中1男子】自分で調べることによってそのことによって説明しないといけないから，「もっと詳しく知りたい」とか「なんでこうなった？」とかどんどんやる気が出てきていつもよりずっとよくできた。

【中2男子】あまり勉強しているという感じがなくとても気軽に学べた。50分がとても早いと感じた。○○先生（授業担当の先生）の授業よりがんばろうという気になれた。

【中1女子】勉強は団体戦というのがとても印象的で，確かにそうだなと思った。自分やみんなの勉強になる子とはもちろんですが，それだけでなく，社会性が育まれた気がして良かった。とても楽しかったです!!

第 2 章

中学校の理科で必ず成功する『学び合い』の授業は，どこが違うの？

1. 理科でうまくスタートさせ継続できる『学び合い』はここが
違う

● 『学び合い』をはじめるきっかけは人それぞれです。

　私が教員になる前，まだ院生の時に，友人が所属する研究室の先生が共著者として執筆された理科教育の本を読みました。その中で，上越教育大学の西川純先生が書かれた部分がとても興味深く，強く印象に残りました。その次に読んだ『なぜ，理科は難しいと言われるのか』がとてもおもしろく，西川先生の本をその後も読むようになりました。感覚としては，好きな作家の小説を見つけたら読むというものに近かったです。

　それから，実際に『学び合い』の実践を始めたのは，西川先生のことを知ってから 10 年以上経ってからで，今から 4 年前のことです。

　取り組み始めたきっかけは，当時の校内研究のテーマ「言語活動」のもとで研究授業をやることになり，私が知っていた教育実践の中では，最も言語活動が多くできそうだという理由からでした。当初は，駄目だったらまた前に戻せばいいやという気持ちではじめてみたのですが，それ以来，一度も以前の授業に戻すことはなく，今に至っています。なかなか実践に踏み切れない人を見ると，私もずいぶん長い間，実際にやってみようと思えませんでしたので，気持ちがよくわかります。でも，今は「きっかけは何でもいい。**是非一緒にやりましょう**」と言いたいです。

　『学び合い』に取り組み始めた翌年から，本校の校内研究のテーマも「アクティブ・ラーニング」に変わり，同時に研究主任を任されました。校内研究に関わって，信州大学の三崎隆先生や，長野県の元中学校校長の古厩一先生に本校まで出前授業に来ていただいたり，静岡市立美和中学校での三崎先生の出前授業や，西川先生の出前授業の参観に送り出してもらったりと，校長先生はじめ，校内の先生方に，色々と支援してもらいながら，今も『学び合い』を続け

第 2 章　中学校の理科で必ず成功する『学び合い』の授業は，どこが違うの？　35

ています。

● 『学び合い』をはじめてみたら，継続させましょう。

　次に，私がどのように『学び合い』を実践し，どうやって継続しているのか，失敗も含めて，概要を紹介させていただきます。平成 29 年度は，1・3 年生の理科を担当しており，全て『学び合い』の考え方に基づいた授業を行いました。『学び合い』の考え方とは，本書の「はじめに」でも紹介されている，3 つの考え方（子ども観，授業観，学校観）のことです。実践を重ねるごとに，この 3 つの観への理解と実感は深まっていく気がします。

　実は，本校で『学び合い』に取り組む数年前に，前任校にて「西川先生の本に書かれていた，おもしろそうだけど不思議な授業」という認識で，何度か試してみたことがあります。その時はまったくうまくいきませんでした。今振り返ると，その理由がよくわかります。単なるグループワークの一種としてとらえ，『学び合い』の 3 つの観も理解せず，それに基づく子どもたちへの語りもせずに，見た目の部分だけをなぞろうとしていたからです。

　今は，できるだけ本に書かれている通りに実践しようとしています。ネームプレートの使用や授業中の大きめの声でのつぶやきによる可視化など，途中からやらなくなったものもありますが，考え方はぶれないようにし，語りを大事にすることは，やり続けています。しかし，本も一回読んだだけですと，大事な部分を忘れることもよくありますので，たまに読み返すことをしています。

　ここで，授業の流れを大まかに書きます。

　新しい単元に入るときには，最初に単元ごとにまとめて課題を渡します。私の場合は，教科書の各章ごと，1 枚のプリントにまとめ，ノートに課題を貼れるようにしたものを使うようにしています。また，ノートではなく，プリントを配布したこともありますが，とにかく，課題をまとめて渡せるように心がけています。これは，予習できるようにすること，課題プリントを配布する時間を減らすことなどの意味があります。

　最初に授業の目標を確認し，全員が課題を達成することを求めます。時々

は，なぜこのような授業をやっているのかを，社会からの要請，大学入試の変化，科学という活動，30年後の世界，本当にわかるとは，など様々な観点からくり返し語ることもします。

『学び合い』の授業をはじめて行うときには，最初の語りも長めに取りますが，段々と回を重ねるごとに短くしていきます。とにかく，**できるだけ，生徒が学ぶ時間，活動できる時間を確保するように心がけています。**そして，**授業の最後にどのように評価をするのかを伝えます。**

生徒の活動中は，生徒を見取ることに力を注いでいます。これは，授業の最後に生徒に伝えられるようにするためです。1学期当初，『学び合い』をはじめたばかりの時には，「わからなければ，どこへ行って誰に聞いてもいいんだよ」といった言葉がけや，間違ったことをやっている生徒がいたら，近くで「本当かな」などと大きめな声でつぶやくことなど，生徒同士をつなぐような声かけやつぶやきが有効だと感じています。生徒が慣れてくると，そういった言葉がけやつぶやきがなくても，できるようになります。

授業の最後には，**全員達成できたかどうかを確認**します。その確認のため，評価テストを行うことがあります。三崎先生に出前授業で来ていただいた時に，学力をつけるならば，評価テストをすることが有効であるということを教えていただきました。課題によっては，評価テストではなく，3人以上に説明できたかどうかで評価をする場合もあります。評価テストの内容は，課題で求めた説明をそのまま同じように，何も見ないで書かせるときもありますし，用語を書く一問一答式の問題や，計算が必要になる問題を出すこともあります。**授業の課題と，評価テストの内容がしっかり対応しているように心がけています。**

評価テストをするか，説明した人数を確認することで，全員が達成できたかどうかを確認し，できていたら**「どうして全員達成できたのだろう，何がよかったのだろう」**，できていなければ**「どうして全員達成できなかったのだろう，どうすればよかったのだろう」**というリフレクションを行い，生徒の様子を見て気づいたことを伝えます。何が大事なのか，どうしてこのような授業をしているのか，ここで語ることもあります。「授業中しか勉強してはいけないとは言ってないからね」という言葉で授業をしめることもあり，授業が終わっ

第2章　中学校の理科で必ず成功する『学び合い』の授業は，どこが違うの？　　37

た後にも少し残って生徒同士で関わり合っている様子や，課題の話をしながら
理科室を出る生徒の様子も見られます。

　また，本校の校内研究では，もう一人の理科担当の先生の協力のもと，全校
理科を体育館で行いました。研究授業のとき1回だけですが，2年続けて行っ
ています。1年と3年の合同理科は，何度か行っていますが，異学年合同で行
う方が，生徒の様子や学びに向かう姿勢も，格段に良くなります。以上が，私
が行っている『学び合い』の概要です。

●『学び合い』の課題づくりも本の通りにやってみましょう。

　『学び合い』に興味はあるけれど，なかなか実践できないという先生と話を
すると，課題づくりが難しいという意見をよく聞きます。ここで，私が生徒に
配布した課題一覧の中から，課題の一例を紹介します。

5-3-①　全員が，「月の見え方が新月からどのくらいの期間で，どうやって変
わっていくのか，またそのような見え方の変化はなぜ起こるのか」を図をも
とにまとめ，3人以上に説明できる。その際には，「新月」「上弦」「満月」「下
弦」「三日月」「月」「公転」「球形」という語を必ず用いること。(224-227)
5-3-②　全員が，「日食や月食はなぜ起こるのか」を，月と太陽の地球から見
た見かけ上の大きさと，太陽と地球と月の位置関係の変化をもとにまとめ，3
人以上に説明できる。その際には，「日食」「月食」「新月」「満月」の語を必
ず用いること。(228-229)
5-3-③　全員が，「金星の見える位置と形の変化はどうなっているのか」，ま
た「そのような変化が起こるのはなぜか」を図を参考にしながら，金星と太
陽と地球の位置関係の変化を考えながらまとめ，3人以上に説明できる。そ
の際には，「明けの明星（あけのみょうじょう）」「宵の明星（よいのみょうじょ
う）」「内惑星」という語を必ず用いること。(230-231)

この3つを3時間で全員達成するように提示した課題です。難易度にばらつ
きがあるように感じられたために，3時間ワンセットとしました。

　学び方を見ていると，本当に人それぞれです。一人で考え込むことから始め
る人もいれば，最初から聞き回る人もいます。進み方も人それぞれですが，3
時間目になると，途中で休んだ生徒も含めて全員達成させようと，一生懸命な

様子が見られました。複数時間をワンセットで任せることに関しても，回数を重ねるごとによくなっていきます。生徒も，先を見て，色々な作戦を考えられるようになってくるのだと思います。

　課題づくりに関して私のおすすめは，三崎隆先生の『『学び合い』カンタン課題づくり』で，とてもわかりやすく書かれています。私はその本に書かれている通りに考えて，作るようにしています。本の通りにやれば，『学び合い』の課題づくりは難しくないですよ。しかし，授業後に振り返ると，こうすればよかったと思うことも，まだまだあります。課題づくりでは，**生徒に何を身につけさせたいのか，それは授業の最後にどうなっていれば良いのかを明確にすること**が大事です。

　なお，この3時間目の次には，市販のプリントを使っての問題演習を行いました。その時の課題は，「全員が全てできるようになり，○○の問題の解き方を3人以上に説明できる」というものにしました。

●私も『学び合い』実践で，色々な失敗をして乗り越えてきました。

　私が『学び合い』に取り組む中で，様々な失敗をしました。その中のいくつかを紹介します。

　まずは，「数人しか課題を達成できなかった」ことがあります。たとえば，次のような課題の時でした。

> ④⑤全員が，実験2を行い，結果をまとめる。その結果を根拠に，塩化銅水溶液を電気分解したとき，どのような変化が起こったと言えるのか，同じ机の人以外の男女含む3人以上に説明することができる。それをレポートにまとめることができる。(151-152)

　これは，2時間ワンセットで行ったのですが，やることを詰め込みすぎたこと，レポート完成まで求めるのは時間的にかなり難しかったことが原因だと考えています。レポート作成は家でもできますので，授業時間内の作成までは求めないくらいで，丁度良かったように思います。さらに，日本語としてもわか

第2章　中学校の理科で必ず成功する『学び合い』の授業は，どこが違うの？　　39

りにくいので，何をどこまでできていればよいのか，明確にわかる文章にする
必要もありました。

　他にも，一番多い失敗としては，自分の専門教科ですので，内容的に，あれ
もやりたい，これもやりたいと，どうしても詰め込みすぎてしまいことです。
このような失敗をして反省しながらも，課題づくりを改善しようと努力してい
ます。

　次に，「生徒の学ぶ様子に緩みが見えた」ことが何度もありました。これを
書いている今もあります。その都度，授業の最初と最後に生徒へ話をしたり，
生徒の声を聞いたり，この授業の目的を語ったり，生徒の活動の良い面を褒め
たりしています。しかし，**生徒の緩みの原因の多くは，私の緩みにある**ように
思います。ですので，緩みを感じるたびに，生徒に話をするだけでなく，自分
を引き締め直すようにしています。

　『学び合い』をはじめたばかりの頃は，毎回の授業がとても楽しみでした。
生徒の変容を目の当たりにできること，私の心が震えるような生徒同士のやり
とりを見ることができることなど，**単なる普段の授業で，涙が出るほど感動す
ることがあるんだな**と思ったことが何度もありました。しかし，続けている
と，本当は素晴らしいやりとりがあっても，さらに上を求めてしまったり，過
去の生徒の様子と内心で比較してしまったりと，私の心のあり方も変わってし
まうことを感じることがあります。これも，気をつけないと，生徒に求めるこ
とばかりになり，生徒の良いところを褒めることが減り，雰囲気が悪くなるこ
とにつながるように思います。これは，自戒を込めて，書いています。

　それから，研究主任という立場で，校内研究において『学び合い』を紹介し，
やってみたい人はサポートしますと言い続けているのですが，なかなかうまく
いかないことも挙げられます。1年目から2年目の途中までは，焦りのような
感情が芽生えたこともあります。しかし，焦っても良いことはありません。3
年目の今は，決してくじけずに，焦らずに，自分ができることをやり続けよう
と思うようにしています。私自身が，多様な人と折り合いをつけながら上手に
関わることが苦手な面がありますので，少しずつですが，自分を変えるように
しているところです。

それ以外にも，様々な失敗や苦労はありましたが，決してやめようとは思いませんでした。**前の自分の授業よりは，絶対に今の方が生徒たちのためになっていると確信している**からです。

●子どもたちの学びの様子から学んでいきましょう。

　子どもたちの授業中の様子を見ていると，気づくこと，学ぶことがあります。まずは，「回数を重ねるごとに学び方が主体的・対話的になっていく」ことです。長野の『学び合い』の会，静岡『学び合い』の会で模擬授業があり，生徒としてやってみた時に気づいたことなのですが，初めてやったときは，人に声をかけること，全体を見ること，時間を見ることなど，いつも生徒に求めていることは，私にとっても難しく感じました。緊張感や焦り，不慣れなことが原因だと思います。しかし，2回目には，1回目よりも周りを見ることができ，人に声をかけることもしやすかったです。生徒も同様なのでしょう。**1回やってみて，仮に思ったようにいかなくても，それで終わらずに，くじけずに何度かやってみると，子どもたちの学びの様子は変わってきます。**言うまでもないことかもしれませんが，回数を重ねるごとに，その人にとっての「深い学び」をしている様子もたくさん見られるようになってきます。

　「異学年合同でやると，生徒の学びの様子が変わる」ことも言えます。いつもは基本的に1クラスずつやっていますが，たまに同学年合同でやっても，学びの様子が活性化します。それが異学年となると，色々な本に書かれているように，本当に変わります。同学年の生徒との関わりが苦手な生徒もいますが，後輩とは楽しそうにやることもあります。後輩と関わらない生徒も，普段よりもより主体的に学んでいます。社会では，異学年合同が自然な姿です。職員室もそうなっています。異学年合同『学び合い』は，これからも機会をつくって続けていきたいと考えています。

　「理科の教科内容に関して自分がもっと学びたくなる」ということもあります。生徒同士のやりとりに耳を傾けると，理科的にとても興味深い疑問や，鋭いつっこみなどが聞こえてきて，とても勉強になります。言われてみればわか

第2章　中学校の理科で必ず成功する『学び合い』の授業は，どこが違うの？　41

らないなという疑問が気軽に飛び出てくるのは，『学び合い』の魅力のひとつだと思っています。理科が得意な生徒の様子を見ていると，私と同様に，言われてみればわからないと，考え込むことがしばしば見られます。たとえば，理科が得意な生徒が「太陽の表面温度は6000度で，中心部分が…」という説明をしていたところ，「そんなの，どうやってはかったんだよ」というつっこみをした生徒がいました。理科が得意な生徒は，「たしかに」と言って，しばらく考え込み，自分なりの仮説を述べたのですが，授業後にも色々と調べたようでした。

　「私の気持ちのあり方で，生徒の学びの様子が変わる」ということもあります。私の気が緩むと，生徒の学びも緩んでくることは前に書きましたが，その逆も言えます。私の気を引き締めると，授業中の見取りや生徒への言葉がけも変わり，それによって生徒の学びも良くなっていくように思っています。同じものを見ても，自分の気持ちのありようで，見え方が変わることがあります。目の前の授業を良くしようという視点もありつつですが，子どもたちの生きる未来，30年後の世界をイメージしながら，どうすればいいのかを考えるよう心がけています。それでも気が緩むことがあり，また引き締めてというくり返しの日々です。

　一方で，子どもたちが卒業した後の世界に私はついていけません。子どもたちにとって，本当に大切な力を育てるため，子どもたち全員が生涯の仲間を得られるため，一人も見捨てられない社会を実現するために，私に何ができるのか，何をすべきか，何をすべきでないのかを考え続け，学び続けていくつもりです。

● 『学び合い』の会などで多様な人とのつながりを持ちましょう。
　生徒には，**多様な人と折り合いをつけて関わりながら自分の課題を解決する**ことは得だと言っていますが，それは私自身にも言えます。職場だけのつながりでなく，多様な人とつながりを持つことは，自分にとって本当に得なことだと実感しています。

日本中で『学び合い』の会が開かれています。私はまだ数回しか参加したことがありませんが，参加すると必ず得るものがありました。『学び合い』の会には，様々な校種，様々な立場の方がいらっしゃいます。実践をしている人もいれば，興味があるけど取り組んでいない人もいます。そこで，色々な人と話をすることができます。実践での悩みも相談できます。模擬授業があれば，生徒の気持ちもわかったりします。色々な実践報告を聞いて，自分の授業にいかすこともできます。とにかく，色々な人とつながるきっかけが得られます。長野の会では，ありがたいことに，西川研究室の院生さんに，わざわざ色々と連絡を取っていただき，本校近くの実践者を紹介していただいたこともありました。

実践者のブログには，たいていメールアドレスが記載されています。『学び合い』の会に参加できない方は，メールで相談しても良いと思います。きっと，多くの方が誠実に対応してくださることでしょう。

たとえば，私が三崎隆先生に出前授業をお願いしたのも，メールで連絡したのが最初でした。いつも質問をしたら，お忙しい中でも，すぐに丁寧に返事を返してくださいます。

● 理科でうまくスタートさせ継続できる『学び合い』はここが違う。

ここまで，理科で『学び合い』をうまくスタートさせ継続できるように，私の経験や，大事だと思うことを，お伝えさせていただきました。

最後に，まとめを書きます。

かつての私がやったように，『学び合い』の考え方を自分なりにでも理解せず，生徒たちへの語りもせずに，見た目だけをなぞろうとすれば，必ず失敗します。理科でうまくスタートさせ継続できる『学び合い』は，これと反対のことをすることが必要です。**大事なのは，『学び合い』の考え方を知り，自分なりにでも理解すること。そして生徒たちに語り，共有することです。**生徒全員に伝わらなくても大丈夫です。伝わった生徒から，別の生徒へ，その子なりの言葉や行動で伝えてくれます。

第2章　中学校の理科で必ず成功する『学び合い』の授業は，どこが違うの？　　43

　はじめるきっかけは何でもいいので，とにかくはじめてみましょう。まず
は，進め方も，語る内容も，課題づくりも，本書をはじめ，色々な本に書かれ
ている通りにやってみましょう。『学び合い』のやり方だけではなく，なぜ『学
び合い』なのかを知ると，生徒に語る言葉が変わるように思います。本以外で
は，Find！アクティブラーナーというサイトにある動画を見ても，とても参
考になります。

　やり始めたら，子どもたちの学びの様子，発する言葉，子どもたちの変容な
どから，私たちも学びましょう。教材研究もやりたくなりますし，課題の完成
度も高めたくなります。子どもたちのやりとりから，教員になった喜びを感じ
ることもたくさんあります。

　なにか失敗しても，くじけずに，うまくいっていてもおごらずに，自分がで
きることを続けましょう。おそらく，私だけでなく，実践者の誰しもが，何ら
かの失敗をしているはずです。

　多様な人とつながりをもって，何か困ったら，『学び合い』の会に参加した
り，『学び合い』実践者の先生方のブログに書かれているメールアドレスにメー
ルを送ったりして，「困った，助けて」と言ってみましょう。きっと助けてく
れます。

　私自身，今後も継続していくためには，乗り越えなければならないものが
あります。たとえば，異動です。私はまだ，『学び合い』を実践し始めてから
の異動を経験していません。新たな学校でも『学び合い』を続けるためには，
色々と工夫や配慮が必要だと思っていますが，どう考えて，どうすればいいの
かも，本に書いてあります。私も本を読んで，本の通りにこれからもやってい
くつもりでいます。そして，何か困ったこと，わからないことがあったら，誰
かに「困った，助けて」「わからないから教えて」というつもりです。

　もしかしたら，本書を読んでいる方と，いつか何らかの縁でつながることも
あるかもしれないと思いつつ，書かせていただきました。いつかどこかでお会
いしましたら，その時はどうぞよろしくお願いいたします。

2. 単学級『学び合い』と異学年合同『学び合い』

●『学び合い』に取り組み始めたきっかけ

　私が『学び合い』と出会ったのは，2007 年，小学校 5 年生の担任をしていたときでした。採用されてから数校に勤務し，それまで子どもたちや保護者とも良い関係を作ることができていました。しかし，2007 年当時，勤務していた小学校では，自分の今まで行ってきた指導ではなかなかうまくいかず，学習指導，学級経営ともに大変苦しんでいました。そんなときです。その年の 10 月 13 日に信州大学で行われた第 1 回『学び合い』を共に学び合う秋のセミナー長野大会に参加する機会があり，『学び合い』に出会いました。その日の講演は，上越教育大学教職大学院教授の西川純先生でした。「簡単だ」「すぐに始められる」という言葉が自分を後押ししました。「よし，やってみよう！」と思い，早速その翌々日から『学び合い』を始めてみました。

　始めてまもなく出張があり，子たちだけで自習をしなければならい時間がありました。姉妹学級との交流をどのように行うかを話し合って決める学級活動でした。そこで，「自分たちも姉妹学級のみんなも楽しめる活動を計画する」という課題だけ出し，あとは子どもたちに任せました。その日の夕方，出張から帰ってきて教室の黒板をみてビックリしました。自分がその場にいてあれこれ口をはさみながら出来上がる計画より綿密に考えられた計画が出来上がっていました。もちろん課題についても十分満足のいくものでした。振り返って見ると，今までの指導では，教師の考えたシナリオ通りに子どもたちを動かし，教師の考えた方法で活動させていたことが多かったと思います。「失敗させられない」「任せられない」といった気持ちがありました。この自習での出来事によって，『学び合い』の「子どもたちは有能である」という子ども観を実感しました。それから卒業まで，ほぼ全ての授業を『学び合い』で行いました。

図1は，このクラスの児童の一人がかいた『学び合い』の4コママンガです。児童同士が説明し合い，本当に分かることを楽しんでいます。
　その後，次の勤務校では，小学校の理科専科となり，『学び合い』の考え方による授業を行いました。現在，勤務している中学校でも『学び合い』の考え方に基づいて授業を行っています。

●最初の語り

　初めて『学び合い』を行うクラスでは，子どもたちに『学び合い』を行う意味や良さについて話します。4月の最初の授業のときが良いと思いますが，『学び合い』をやってみようと思ったときで大丈夫です。私の場合，最初に『学び合い』を始めたのが10月でしたが，何の支障もありませんでした。最初の語りでは，『学び合い』の学校観である「学校は，色々な人と付き合えて，その人達の力を借りて，自分が分かり，出来るようになる能力を学ぶところ」ということを話します。また，「本当に分かるためには，自分に合った人に一対一で徹底的に教えて貰うことが必要で，現状の先生一人対生徒では無理なので，みんなでやりましょう」ということも話します。あわせて，『学び合い』で一番大事にしてほしいのは「一人も見捨てない」ということも話します[1]。
　最近では，中学校での仲間づくりが将来リストラにあったときの再就職や結婚相手を見つけ夫婦共働きを可能にするためにも大事であることも合わせて話しています（生徒はポカーンとしていますが…）[2]。

図1　『学び合い』4コママンガ

●実際の授業

　まず，最初の 5 分程度で課題の提示と前回の『学び合い』での反省点や良かったことを確認します。課題には，「全員が○○について説明する」のようにみんなが課題を達成することが目標ということを伝えます。その後の 40 分程度は，「さあ，どうぞ」と動くことを促し，生徒は動きながら課題に取り組みます。最初のうちは，自分の課題を解くためにあまり動きがありませんが，徐々に他の生徒に教える生徒や分からないことを聞きに動く生徒が生まれます。最後の 5 分程度で，全員達成できたかどうかを振り返ります。全員達成できたときには，どんなことが良かったのかを，全員達成できなかったときには，なぜ全員達成できなかったのか，次回どのように行動すれば全員達成ができるのかなどの振り返りをし，学習内容のまとめはしません。

●『学び合い』の授業であるとより効果的なグッズ

　必ずではありませんが，『学び合い』の授業のときにあるとより効果的なグッズがあります。

　カウントダウンができるタイマー（教室の後ろからでも見える大きさのものであれば最高）『学び合い』では，時間を大事にしています。時計でも十分ですが，終了まであと何分とリアルタイムで表示されるタイマーは便利です。中学校だったら，体育科や運動部などが持っていることが多いのではないでしょうか。それを借りてきます。また，デジタル教科書を導入されている学校では，タイマー表示機能がついている場合もあります。モニターに接続すればある程度の大きさになります。

　名前マグネット　一人一枚，だいたい縦 5cm，横 10cm 程のものに名前を書いて黒板に貼ります。課題ができたら黒板の「できたゾーン」に生徒自身が移動します。（裏と表が色違いになっているマグネットシートを使い，できたら裏返すようにすれば，黒板のスペースの節約できます）誰が出来ていて，誰が出来ていないかが分かり，生徒の動きを生む手助けとなります[3]。

第2章　中学校の理科で必ず成功する『学び合い』の授業は，どこが違うの？　　47

●『学び合い』の授業で変化があったＡ生

　中学校２年生のＡ生は，４月当初，理科室には来るものの，授業開始とともに机に突っ伏して寝ている生徒でした。担任にＡ生の様子を聞くと，昨年からずっとそんな感じで何度声をかけても改善が見られなかったとのことでした。また，同級生にも話しを聞くと，いつもそうなのでしょうがないと言っていました。『学び合い』の授業を開始すると，Ａ生はそんな様子なので，当然，全員達成はできません。数回それが繰り返されました。「全員達成」「一人も見捨てない」が大事と言い続けていると，やがてまわりの生徒がＡ生に声をかけ始めました。それも一人ではなく，何人もです。教師に何度も言われても改善が見られないＡ生でしたが，次第に授業に参加し，友達に教えてもらいながら課題に取り組むようになってきました。また，何と，驚きだったのは，予習までして授業に臨むようになりました。図１は，Ａ生が１学期末に書いた理科の振り返りです。

原子の前の分解の所までは寝ていたけど，原子の所から予習を始めて自分で理解することができるようになった。そのおかげで友達に教えたり，教えてもらったりすることができた。テストでは，ねらっていた点より低かったけど，今まででは一番良い点だった。それは，先生のおかげです。ありがとうございました。

図１　Ａ生の１学期末理科の振り返り

　表１は，Ａ生の１年時と２年時の５回の定期テストでの得点と学年の平均点との差を表しています。１年生のときと比べて２年生では定期テストの得点と平均点との差が縮まり，平均点を超えるテストのときもありました。自ら学ぼうという意欲をもって予習を行い，分からないときには友達に教えてもらい，分かったときには友達に教えるのであれば，テストでも得点でき，成績が向上するのは当然と言えば当然です。

　また，「Ａ生が頑張っているから自分も頑張らないといけない」とＡ生の変化によって刺激を受けた同級生もいました。Ａ生の変化を見ると，教師の仕事は，勉強を直接教えることではなく，生徒同士が互いに関わり合い高め合うことを促すことによって主体的に学ぶ姿勢づくりを支援することと捉えられま

表1　1年時と2年時の定期テストでの得点と学
　　　年の平均点との差

	1年時	2年時
1学期中間	-36.9	-41.6
1学期期末	-14.4	+15.7
2学期中間	-42.7	-17.5
2学期期末	-55.7	-23.3
3学期期末	-24.9	-13.3

す。

　A生以外にも『学び合い』によって「授業が楽しくなった」「仲間との絆が深まった」「眠くなくなった」などの感想がありました。

　『学び合い』理科振り返り（3学期末）

・『学び合い』学習では，自分たちの力で課題を達成することを学びました。1人では解決できなかった課題でも，みんなと協力して課題を達成できて達成感があり，嬉しかったです。

・理科は他の授業とは違って友達が分かるまで教えてくれるので，良いと思います。他の授業は，静かで眠くなってしまうけど，理科は分からない所も友達が教えてくれるので楽しいです。それに，絆も深まっていると思うので，続けてほしいです。

・1年間を通して仲間の大切さを学んだ。全員達成のために友達と協力してやることでよりその内容を理解し，その理解した内容を分からない人に教えることで「一人も見捨てない」ということを意識して課題に取り組むことができたので良かった。また，みんなで達成するために，自分も早く終わらせようとすることができ，効率よくできたので良かった。

●異学年合同『学び合い』

　1，2，3年生各1クラスずつの時間割を合わせ，月に1回異学年合同『学び合い』を実践しました。異学年合同といっても，各学年の課題をそろえる訳ではなく，その日にやる課題はそれぞれの学年が単学級で行ういつも通りのも

第2章　中学校の理科で必ず成功する『学び合い』の授業は，どこが違うの？　49

図3　異学年合同『学び合い』の最初

図4　名前マグネットが貼られたホワイトボード

のです[4]。授業の最初には，3クラス全員が理科室の前の廊下に集合します。その日にどんなことを大切にしてほしいか，前回の異学年合同『学び合い』のときの振り返りをもとに語ります。

　廊下には誰が出来て誰がまだ出来ていないかが分かるようにホワイトボードと名前マグネットを用意しておきます。

　本来，異学年合同『学び合い』では，比較的多くの人数が入ることができるような教室や体育館など，みんなが集って行うことがベストだと思いますが，「日常と変わらず」「気軽に」を重視して，第1理科室3年生，第2理科室2年生，第3理科室1年生のように3つの理科室を使って行いました。ときには実験を伴う授業もありますが，理科室なので問題なく行うことができます。課題の確認をしたあとは基本的にいつ，どのタイミングでどの理科室に行っても良いのですが，時間の最初のうちは，図4のように学年の生徒同士が『学び

図4　1年生同士の『学び合い』　　図5　1年生の説明聞く2年生

合い』を行うことが多いです。しかし，しだいに互いの理科室を行き来しつつ課題に向かう生徒が増えてきます。図5では，廊下で1年生の説明を2年生が聞いて確認しています。

　設定の時間になったら，再び廊下に集合し，全員達成できたかどうかを振り返ります。また，全員達成できたら何が良かったか，全員達成できなかったら何が良くなかったのかを考え合います。授業の最初と最後は教科担任3人が輪番制で担当して行いました。

異学年合同『学び合い』の生徒の感想

・1年生：今日，第2回目の合同理科がありました。今回は2人以上の先輩に説明をしてサインをもらうということでした。その前の練習問題は○○さんや○○君に教えてもらいながらやりました。その後，2年生の先輩の所へ行き，プリントに書いた所を説明しました。そしたら先輩はうなずきながら話を聞いてくれました。とても安心感があったので，私もうなずきながら人の話を聞くようにしたいです。

・2年生：今日は理科で合同授業をやりました。オレは友達の弟のところに行って説明をしました。あと先輩に自分の課題を説明してサインをもらいました。結構知らない先輩とか後輩がいて，ちょっとイヤだったけど結構楽しかったので，また次回が楽しみです。

・3年生：今日の理科で，3回目の合同授業をやりました。下の学年の人に教

えるのは難しいことだったけど，その分，自分でもどう言ったら分かり易く伝わるかなどを考えながら説明できました。今回は，課題達成できなかった人もいたので，次回からはその人たちに教えに行くことまでできるようになりたいです。

教師同士も実際に見た生徒同士の関わり合いの姿を共有し，そのことについてお互いに語り合ったり，互いの課題の出し方を見て学んだりすることができます。教師同士の交流が進み，最後の振り返りで何を話すかも気軽に相談できます。他の教科の先生方から，よく，「理科の先生方はいつも楽しそうで良いね」と言われます。

参考文献

1) 西川純：クラスと学校が幸せになる『学び合い』入門〈会話形式でわかる『学び合い』テクニック〉，明治図書出版株式会社，2014.
2) 西川純：親なら知っておきたい学歴の経済学，学陽書房，2016
3) 西川純：クラスがうまくいく！『学び合い』ステップアップ，学陽書房，2012
4) 西川純：学校が元気になる『学び合い』ジャンプアップ，学陽書房，2013

資料

平成 29 年 11 月に行われた第 1 学年理科，第 2 学年理科，第 3 学年理科の異学年合同『学び合い』の学習指導案をお示しします。

（資料）３学年合同の異学年『学び合い』理科学習指導案

		1年2組（男子18名，女子17名）	2年2組（男子19名，女子18名）	3年4組（男子19名，女子17名）
授業学級		1年2組（男子18名，女子17名）	2年2組（男子19名，女子18名）	3年4組（男子19名，女子17名）
主な場所		第3理科室	第2理科室	第1理科室
単元名		身のまわりの物質	天気とその変化	運動とエネルギー
本時の位置		前時：赤ワインを沸騰させたときに発生する気体を液体として取り出し，その性質を調べた。次時：蒸留の温度変化や分留について学習する。	前時：空気を膨張させて，空気にどのような変化が生じるかを調べる実験を行った。次時：地球上の水が太陽エネルギーによって状態を変えながら絶えず海と陸地と大気の間を循環していることを説明する。	前時：エネルギーの保存に一の意味について知り，白熱電球が照明具として適切かを調べる実験を行った。次時：単元プリントでこれまでの学習内容を復習し，知識の定着を確認する。
主眼		赤ワインを沸騰させたときに発生する気体を液体として取り出し，その性質を調べた生徒が，液体が集まり始めた温度に着目し，赤ワインを沸騰させると沸点のちがいによってエタノールと水が分けられることを説明できる。	気圧が下がって空気が膨張すると気温が下がることを調べた生徒が，雲ができるしくみについて気圧，気温，湿度の変化に着目して説明することができる。	白熱電球は照明具として適切かを考える場面で，3種類の照明具から出た熱を吸収させる実験からエネルギー変換効率を求め，その数値を比較することを通して，白熱電球は変換効率が低く，電球型蛍光管や電球型LEDの方が照明具として適切であることを説明できる。
関わり合う観点		赤ワインを沸騰させたときに発生した気体（液体）が何かわからない場面や，その物質が集まった理由を考察する場面で，友と意見交換したり，上級生に助言を求めたりする。	雲ができる理由の説明がわからないときは，分からないと言って教えてもらったり，自分が本当に分かっているか確かめるために上級生に説明を聞いてもらったりする。	エネルギー変換効率を求め，比較する場面で，その求め方がわからない場合に友と情報交換を行う。また，事物の本質をとらえるため，下級生にもわかりやすいことばで説明する。
展開	はじめ	廊下に集合し，本時の目的の説明を受け，それぞれの理科室へ移動する。		
	なか	学習課題が提示され，活動をはじめる。その後の活動は，他の教室や廊下で行ってよい。		

1年2組（なか）

1 学習課題を提示する。

> 前回の実験結果をもとに，赤ワインを沸騰させるとどうなるのか説明しよう。

	1本目	2本目	3本目
集まり始めた温度	75℃	85℃	95℃
におい	エタノール	エタノール	なし
火がつくか	つく	つく	つかない

2 課題達成のための方法を考え，本時の手立てを理解する。

3 学習課題の達成に向けた見通しの確認
- 前回の赤ワインを沸騰させたときに発生した気体（液体）の性質を調べた実験結果をもとに，それぞれの試験管にはどんな物質が集まったのかを考えさせる。
- 赤ワインを沸騰させて，それぞれの物質が集まった理由を温度に着目して考察するよう促す。

4 友や上級生の意見を聞きながら考察する。
- 班やその枠を超えて意見を交換しながら考察してもよいことを伝える。
- 上級生に助言を求めてもよいことを伝える。
- 自分が分かったら終わりではなく，分からなくて困っている人へ自分から関わっていけるように促す。

5 学年1人ずつに説明を行う。
- 各学年1人ずつに赤ワインを沸騰させるとどのようなことが起こるかを説明する。

> 赤ワインを沸騰させると沸点のちがいによってエタノールと水が分けられることを説明できたか。

2年2組（なか）

1 学習課題を提示する。

> 全員が，雲はどのようにしてできるかについて，「気圧」，「気温」，「湿度」の変化に着目してノートにまとめ，聞き手に納得してもらえるように自分の言葉で説明する。

2 課題達成のための方法を考え，本時の手立てを理解する。

3 学習課題の達成に向けた見通しの確認
- 前回の空気を膨張させたときの気圧と気温の変化とそのときの空気中のようすについて調べた実験結果をもとに考えるようにする。
- 地表面から高度が上がるにつれて気圧は低くなることと前回の実験は同じことだ。
- 実際の雲も地上付近ではなく，上空にできている。
- 晴れた日の気温と湿度の変化に関係している。

4 課題を達成するために相談しながら探究する。分からない人は分かった人に聞きながら，分かった人は分からない人に伝えながら考える。

5 学年1人ずつに説明を行う。
- 各学年1人ずつに雲はどのようにしてできるかを説明する。

3年4組（なか）

1 学習問題を確認する。

> 白熱電球は照明具として適切か

- エネルギー変換効率を求め，比較することで，学習問題の答えを出せばよいことを確認し，学習課題を提示する。

2 課題達成のための方法を考え，本時の手立てを理解する。

3 学習課題提示までの見通しの確認
- 水の温度が0℃以上に上がったから，水の質量と4.2をかけると電球が発生した熱量Aがわかりそうだ。また，電力×時間で電気エネルギーBがわかりそうだ。そして，$A \div B$をすればエネルギー変換効率が求められそうだ。
- 白熱電球，電球型蛍光管，電球型LEDの数値を比べることで，白熱電球の変換効率が低いことが確かめられそうだ。

4 エネルギー変換効率を求める。

> 3種類の照明具が発生させた熱を吸収させる実験から，エネルギー変換効率を求め，その数値を比較しよう。
>
> 白熱電球はエネルギー変換効率が低いぞ。使っている電気エネルギーのほとんどが熱として出ている。
>
> 電球型蛍光管や電球型LEDは高いが思ったよりエネルギー変換効率は低い。

5 友や下級生に学習問題の答えについて自分の見解を説明する。

展開	おわり	廊下に集合し，振り返りを行う。

3. 学校観を大切にした理科の『学び合い』

●『学び合い』との出合い

　私が『学び合い』と出合ったのは，大学3年生のことでした。その当時，教師になることを目指して大学に通っていたものの，授業と言えば，自分が受けてきたものしか知りませんでした。そのため，具体的な教師像や授業のイメージ，子どもたちの様子はまったく掴めていませんでした。そのような漠然とした不安を抱えていた時，『学び合い』の研究室があることを知り，自分の不安を解消できるかもしれないと思い，その門を叩いたのでした。

　研究室に所属して初めに行ったことは，数ある書籍を読むことでした。しかし，読めば読むほど，『学び合い』が現実に可能なのかわからなくなってしまったのです。何しろ，自分の受けてきた授業はいわゆる一斉授業で，授業ではだまって先生の話を聞くものだ，と思っていたからです。そこで，各地で開かれている『学び合い』の会やセミナーに参加して，実践報告を聞いたり，『学び合い』を実践されている方の授業や教授の出前授業を参観させていただいたりしました。

　実践されている方の授業を見て，「本に書いてある通りだ！」と驚きました。それだけでなく，出前授業で初めて『学び合い』に触れる子どもたちが，必要に応じて席を離れ，自分が知りたいこと・わかりたいことを友達に聞き，困っている友達に教えてあげている姿を見て，『学び合い』は誰でも時や場所を選ばずに行えるものなのだということがわかりました。そして何より，学び合う子どもたちがイキイキと活動をしている姿を見て，自分が受けてきた授業よりも，子どもたちのことを第一に考えているように感じられました。こうして，『学び合い』と出合い，私の中にあった不安が徐々に少なくなって，教師になっても『学び合い』を実践してみようと考えるようになったのです。

● 『学び合い』授業を始める前に

　初めに行うことは，教師がどのようなことを目指し，子どもたちに何を求めているのかを伝える事です。私の場合は，4月の初授業でオリエンテーションを行う際に伝えます。口頭でも良いですが，要約したプリントを作って配布しています。図1はその一部です。

◇なぜ，学校で学ぶのかを考えよう。
　みなさんは，なぜ学校へ通うのか，なぜ一つの部屋に集まって授業を受けるのか考えたことがありますか？　先生は「学校は小さな社会。みなさんが大人になってから社会に飛び立つ前に，そこで必要になる能力を身に付けるために学校へ通うんだ」と考えています。では，社会で必要となる能力とはなんでしょうか？　それは2つあります。1つ目は1人ではできないことをみんなで成し遂げる能力，2つ目は限りある時間の中で成果を出す能力です。その2つを理科の時間で身に付けましょう。

図1　オリエンテーション資料の一部

　『学び合い』の考え方の中で，私は学校観を最も大切にしています。そこがしっかりと芯が通っていることで，自分自身にブレが起こりませんし，そういう教師の言葉は子どもたちにとって受け入れやすいものになります。そのため，「学校とはこういうものだ」という考えを授業が本格的に始まる前に子どもたちに伝えるのです。

　しかし，子どもたちは説明を受けて何となくわかってくれますが，納得はしてくれません。そこで，オリエンテーションの最後に「先生の授業はこんな感じになるよ」というものを体験してもらいます。体験で行うのはジャンケンです。シンプルに「ジャンケンゲーム」と呼んでいます。ルールは簡単です。①全員起立した状態から始める。②3人の人にジャンケンで勝ったら席に座る。これだけです。ただし，課題があります。「クラスの全員が座るまでの時間をできるだけ短くする」というものです。そして，「席に座っている人もジャンケンができるよ」とだけ伝えて，ゲームをスタートします。

　スタートした直後に全員が一斉に動き始めます。それまでの30分間，私の話をずーっと聞いていた憂さ晴らしのように，ものすごいエネルギーで，しかも，笑顔で楽しそうにジャンケンをしていきます。初めてこのジャンケンゲー

ムを行うと，おおよそ1分くらいで全員が席に座ります。「君たちならもっと早くできるはずだよ」と言うと，もう1回やろうという声が聞こえてきます。そこで，時間を短くするヒントを与えます。それは「席に座った人が立っている人をジャンケンに誘うこと」です。2回目。あちこちで席に座った人がジャンケンに誘う姿が見られます。それができるクラスならば，『学び合い』の考え方をすんなりと受け入れてくれるはずです。時間も約半分になり，大変盛り上がります。

　このゲームを体験した後で，理科の授業と置き換えて話をします。ゲームの中で，まだ席に座っていない人は授業の課題が終わっていない人，席に座っている人は授業の課題が終わっている人です。席に座った人がジャンケンに誘うことで計測時間が短くなったように，授業でも課題が終わった人がまだ終わっていない人に一緒にやろうと誘うことが大事なんだということを伝えます。このゲームを通して，『学び合い』の学校観に基づいた授業を体験し，その良さを子どもたちは感じてくれます。図2はジャンケンゲームを体験した1年生が次の日に書いてきた日記です。

今日は理科の授業で大切な事を1つ学びました。それは，「友達との助け合い」です。1回目のジャンケンゲームでは，ただ単にジャンケンをして，自己満足で終わってしまいました。その結果，誰かが残ってしまい，時間がロスしてしまいました。これは残っている人のせいではなく，ジャンケンを終えて座った人だと思います。座ることの出来る人は，人との接し方がわかっている人。残ってしまう人は，人と話すのが苦手な人。だから，わからない人にわかる人が積極的に話してあげることが大切なんだと思います。

図2　オリエンテーション翌日の1年生の日記

●具体的な授業づくり

　授業は図3のような流れで行っています。

　授業ではこれと言って，難しいテクニックを使うことはありませんが，心掛けていることは3つあります。①課題把握の場面ではダラダラと説明しないこと，②子どもたちの学びを阻害しないこと，③課題に合った振り返りを行う

図3 授業の流れ

こと，です。

　まず①についてですが，課題把握をダラダラと長くやると，その後の子どもたちの活動時間が短くなってしまうだけでなく，余計な説明によって子どもたちが混乱してしまうことがあります。それを防ぐために，必要最低限のことをしか伝えないようにしています。理科ですから，実験，観察がありますが，それも安全指導ぐらいにしておきます。手順でわからないところがあれば，子どもが1人1冊持っている教科書を見ればいいのです。

　次に②についてですが，子どもたちが課題を解決しようと奮闘しているときに，ついつい教師の教えたがりが出てきてしまいます。それをしてしまうと，子ども同士で聞く機会が減り，教師を頼る癖がついてしまいます。『学び合い』にならないのです。そうかと言って，教師が何もしないわけではありません。教師は何をするかと言うと，簡単に言えば，「実況」です。難しい言葉で言うなら「可視化」ですが，「実況」の方がイメージしやすいのではないでしょうか。例えば，A君が困って，隣の班のB君のところへ教えてもらいに行ったら，「自分からわからないところを聞きに行っているね。すごいね！」とすかさず実況し，Cさんが困っているDさんに声をかけていたら「クラスの仲間が困っているのを見逃さなかったね。すばらしい！」と実況します。その実況を聞いて，他の子どもたちも次々と動き出していくのです。また，課題に取り組んでいる子どもたちは目の前のことに集中しているので，なかなか周りを見ることができません。そのため，「〇班の辺りで困っている人が多いな〜」とか「この辺りの人たちの説明はわかりやすいな〜」とか実況すると，周りを見渡す子が増えてきて，それを繰り返すことで実況がなくても自然と周りを見る習慣が子どもたちについてくるようになるのです。

第2章 中学校の理科で必ず成功する『学び合い』の授業は，どこが違うの？ 57

　最後に③についてですが，課題に「クラス全員が○○できるようになる」とあれば，全員ができたのかを振り返り，課題に「〜〜を説明できるようになる」とあれば，説明できるようになっているかを振り返ります。全員ができたのかを振り返る場合，子どもの名前を書いたマグネットシートを黒板のAのところからBのところへ移動させたり，黒板に書いてある出席番号に○をつけさせたりします（図4）。
　また，説明できるようになっているかを振り返る場合，実際に説明を子ども同士で行って，説明ができていたら聞き手がサインをしてあげて，最後にサインがもらえたかどうかを聞きます。このようにして，課題に合った振り返りを行うようにしているのです。

●行き詰まったときは
　『学び合い』授業は誰でも時と場所を選ばずに行えますが，毎回上手くいくわけではありません。他の授業と同じように行き詰まるときももちろんあります。例えば，子どもたちは積極的に動いているのに，課題が全然時間内に終わらないことがあります。これは，授業者の課題設定に大きく原因があります。課題が難しかったり，量が多かったりすると，どんなに子どもたちが頑張っていても課題は終わりません。課題ができない状態が続くと，意欲そのものがな

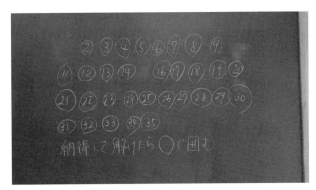

図4　全員ができたか振り返る黒板

くなってしまいます。そのため，課題は理科が得意な子が 10 分程度で終わる
ものを用意するようにしています。

　他には，実況をしていても多くの子どもたちがその場を動こうとしなかった
り，課題が終わった子が関係のないことをやり始めたりすることがあります。
この場合，クラスの人間関係が良くない状況に陥っている可能性があるので，
学級担任に相談するのも一つの手です。授業でできることは，もう一度，オリ
エンテーションで伝えた学校観を話すしかありません。それをしたからと言っ
て，すぐに改善するわけではないですが，教師の言葉に応えようとする子は必
ずいます。その子の行動を実況して，その輪を広げるしかないのです。

●子どもたちの様子（実践事例）

　それでは，実際の授業でどのようなやり取りがあったのかを紹介します。
この授業は，前年度に一斉授業を受けていた 3 年生のクラスでの，オリエン
テーションも含めて 4 回目の授業です。単元は「化学変化とイオン」で，課題
は「電流が流れている塩化銅水溶液の中で起こっていることをモデルで表し，
陰極に銅，陽極に塩素が発生する理由を予想しよう」というものでした。イオ
ンという概念へと結びつく大事な授業です。

　前時の実験結果から，多くの子どもたちが原子に電気的な性質があることに
気づき，最終的に図 5 のような予想を立てることができました。

　その中で，Eさんの予想はひときわ目を引きました。（図 6）

　Eさんは陰極・陽極・銅・塩素をそれぞれ擬人化して絵に描いていたので
す。とてもわかりやすかったので「Eさんは絵に描いて表してるんだ。わかり
やすい！」と実況しました。すると，まだ予想を書くことができていなかった
Fさんがやってきました。Eさんの絵を見て，納得したのか図 7 のように予想
を書くことができました。

　さらに，Fさんは振り返りの時に，次のように記述しています。（図 8）

第2章　中学校の理科で必ず成功する『学び合い』の授業は，どこが違うの？　59

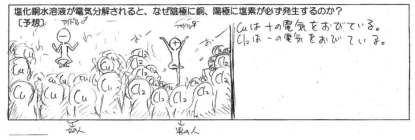

図5　多くの子どもたちが立てた予想の一例

図6　Eさんの予想

図7　Fさんの予想

はじめはよくわからなかったけど，Eさんの「＋のアイドルには－のファン，－のアイドルには＋のファン」という例がとてもわかりやすくて真似しました。

図8　Fさんの振り返り

また，絵を参考にされたEさんの振り返りから，Eさんも別の人から考え方を教えてもらっていることがわかりました。(図9)

> はじめはただ理由なくくっついているものだと思っていたが，Cu は＋の電気を帯びているということを教えてもらったことによって，Cu が＋の電気を帯びていて，Cl_2 が－の電気を帯びているから，Cu は陰極へ，Cl_2 は陽極につくことがわかった。

図9　Ｅさんの振り返り

　このように，多種多様な考え方をもった子どもたちは，自分とは違う考え方にもすぐに適応したり，自分なりに解釈したりする力を十分にもっていることがわかります。紹介したものはほんの一部なので，きっとこの授業では数多くの関わりがあり，様々な気づきがあったに違いありません。

　最後に，この授業での他の子どもたちの振り返りを紹介します。たった4回の授業だけで，ここまで『学び合い』授業の良さを感じられる子どもたちに日々感謝しています。

・はじめは考えられる予想が，塩化銅が塩素と銅に分かれるということだけだったが，話し合いによるいろんな人の意見によって，原子が＋や－の電気をともなうようになるということがわかった。

・だんだん説明していくうちに自分もよく理解できたのでよかったし，他の人の考え方を聞いていくうちに，新たなことも発見できたし，より深めることができた。

・途中，自分の予想に疑問を感じて，自信を無くしたが，他の人に説明を聞いてもらったり，他の人の説明を聞いたりしたことで，自分の意見に自信がついた。

・モデルを言葉に変えて説明するのが難しかった。聞き手の人が「わかった」と言ってくれたのが，うれしかった。

・はじめから何となくわかっていたが，図をかいたり，○○くんと会話している中で，だんだんはっきりとした答えが見えてきたので，コミュニケーションが大事だと思った。

第2章　中学校の理科で必ず成功する『学び合い』の授業は，どこが違うの？　*61*

4. 私の『学び合い』実践メモ―3つのステップと4つのパート―

●はじめに

　私の『学び合い』との出会いから書きます。私は信州大学教育学部の卒業生です。そして，生物系の研究室に所属しました。3年生になり教育実習をすることになりました。指導案検討や模擬授業をするのですが，展開，発問，板書…まったく上手くいきませんでした。研究室や講義で学んだ，生化学や遺伝学，電磁気学の知識は役に立ちませんでした。

　そんな時，信州大学に三崎先生が異動してこられました。それが『学び合い』との出会いです。理屈っぽい私は，『学び合い』の考え方を違和感なく受け入れることができました。直感的に「これだ！」と思いました。そして，私は『学び合い』をさらに学びたいと思い，思い切って研究室を移ることにしました。（研究室の移動を認めてくださった先生方には本当に感謝しています。）

　とはいってもその頃の私の認識では『学び合い』は「教えない指導」という印象が強かったように思います。それは，ある意味正しく，ある意味では，『学び合い』のほんの一部を説明しているに過ぎません。私が今あえて，『学び合い』について教科指導の範疇に限って「教える・教えない」で表現するなら，『学び合い』は「教師が教科内容についていちいち教えなくても成立するように，子どもたちに学び方を教える指導」です。（これでも『学び合い』について一部を説明しているに過ぎませんが。）

　『学び合い』は子ども一生涯の幸せを保証するための指導です。その根幹や，しくみについては三崎先生にゆずることとして，ここでは私の『学び合い』実践について紹介します。

●教育実習でのモヤモヤが解消

　指導案には「予想される生徒の反応」が書かれることがあります。私は教育実習で指導案を書く時に，指導していただいた現場の先生から生徒の姿をイメージして指導案を書くことの大切さを教えていただきました。一斉指導づくりを突き詰めていくと，他人が書いた指導案でもどの生徒の反応であるかが分かるとのことでした。私は釈然としませんでした。「待てよ，クラスの生徒は一人じゃないぞ。」典型的な生徒をイメージして授業を考えることに大きな疑問をもちました。しかし，そういうものだと自分自身を無理に納得させて授業展開を考えたことを覚えています。

　そして，実際に授業をすると，理想的な反応をしてくれる生徒が必ずいました。教えていただいたことをそのまま実践すると，まさに"理想的な"授業は進むのです。それでも，なんとも言えない違和感がありました。

　自分の感覚は正しかったと、『学び合い』の考え方に触れて分かりました。『学び合い』では子どもはそれぞれ違うと考えます。事実として，それは正しい。それを前提にするならば，私にとって『学び合い』の実践を始めることは当然であり，必然でした。

　余談ですが，4年生の教育実習では，『学び合い』の授業の指導案をつくり，授業をさせてほしいとお願いしましたが残念ながら認められませんでした。今では，実践される先生も増え，『学び合い』の認知度も上がったので，あと10年遅く生まれていたら，教育実習でも『学び合い』ができたのにと思う今日この頃です。

● 『学び合い』を始める時のガイダンス

　ここだけは一斉指導で行います。私の場合はプレゼンテーションソフトを用いて行っています。心をこめて全力で行います。内容は次のようなものです。

　『学び合い』を始めたばかりのころは，授業始めの語りで『学び合い』の理論について話すことが多く，説得したい，改心させたいという気持ちが前面に出ていたように思います。今になると分かりますが，納得させることが大切な

第2章　中学校の理科で必ず成功する『学び合い』の授業は，どこが違うの？　　*63*

表1　ガイダンスで話す内容

- 学校に来る目的は，いろいろな人と協力したり，折り合いをつけたりしながら，自分自身の問題解決能力を高めるということ。
- 上記の力をつけるために，授業では授業の目標を「全員で」全員が達成することを目指すこと。
- 理科はできないよりもできた方がよい。でもそれよりも大切なのは，人とかかわることのできる力をつけること。そして，その力が将来の幸せにつながるということ。

のです。全員でなくて良いのです。全力で話せば一部の生徒（少なくとも2割以上）に伝わります。「かくあるべき」ではなく，「将来社会に出て活躍するには○○の力が必要だよ」「将来幸せになるには○○が必要だよ」「○○すると自分にこんなにプラスになるよ」という視点です。その点を踏まえて語らなかったり，教師自身が『学び合い』の考え方が腑に落ちていなかったりすると言葉に力をもたせることができません。

●腑に落ちていない「語り」は危険です。

　生徒は目の前で語っている人が，語っていることを本気で信じているのか，うわべだけで言っているのかを見抜きます。『学び合い』は小手先だけではできないと思います。「借り物でない自分の言葉で，全力で話せ」とは田中角栄氏の言葉ですが，借りてきたような言葉をいくつ積み重ねても相手には伝わりません。その点を私はいつも肝に銘じて実践をしています。

●これまでの使っていた教材を活かすことができます

　私は教師になってから，自作の授業用プリントとプレゼンテーションソフトをすべての学年すべての単元で作成してきました。私の授業ではノートではなく自作のプリントで完結する方法をとっていました。それは『学び合い』が軌道に乗らず，生徒や周りの先生から一斉指導を求められた時にやむを得ず作成

したものです。当時の私には不本意でしたが今では財産です。そして，毎年毎年自作教材に改良を重ねきました。したがって人一倍教材（教材研究？）には愛着があります。今ではその自作プリントも活用して授業を行っています。ここで私が意識しているのは，「プリントをやりなさい」とは言わずに「プリントの内容をマスターしなさい」と言って生徒に配ることです。どんなに素晴らしい，愛着のある教材であってもそれをどう使うかは，強いてはならないというのが『学び合い』のセオリーです。はっきりとしたゴール（そのためには，生徒に何を身に付けさせるかを明確にしておく必要があります。）を示し，方法は任せることが大切だと思います。

　したがって，『学び合い』のとくに初期段階では教材研究に割く時間は少なくてよいのです。問題演習用のプリントを生徒に配りその内容もマスターせよと課題を出せばそれでOKです。

●『学び合い』の名前を出さなくても『学び合い』は実践できます

　『学び合い』を実践した当初は，自分の実践を認めてほしいと思いました。『学び合い』を認めてほしいと思いました。『学び合い』を否定する人に会うと，「でもね…」思ってしまう自分がいました。しかし，実践を始めて１，２年してそれはどうでもよいことだと気付きました。『学び合い』は考え方なので，そこさえぶれなければ，「学び合い学習」や「教え合い学習」をやっていますと言えばいいだけのことです。もし，今すでに『学び合い』を実践されている方で『学び合い』推進派ではない方との折り合いに悩まれているのであれば，「『学び合い』」のワードを出さずに，淡々と「『学び合い』の考え方による授業」を実践すればよいと思います。ちなみに私は，黒板にテーマと問題演習用プリントとワークの該当範囲だけ書いて一見すると，一斉指導のようにしています。（とくに『学び合い』を禁止されているというわけではありませんが。）

　また，今の私は，あらゆる教育活動において，目の前で起きる現象に対し『学び合い』的に考え行動することができるようになりました。そしてそれに基づいて行動することで得られる結果から，その理論の正しさを実感していま

第2章　中学校の理科で必ず成功する『学び合い』の授業は，どこが違うの？　　65

す。それとともに，言葉に力をもたせることができるようになったと感じています。ちなみに，現在勤務する学校の私が担当するいくつかのクラスでは，授業のガイダンス（最初の語り）に，私が話し終わると生徒から拍手をもらえるようになりました。

　同僚に意見を求められたり，授業検討などで発言する場を与えられたりしたら，『学び合い』的発想で考え，返答すればよいと思います。（ちなみに相手から「なるほど」と言われる確率と「とはいっても…」と言われる確率は，半々です。見ているものが違うのですから当然です。）

●うまくいかなかった原因（私の場合）

　『学び合い』を始めたころのあまりにもその理論に忠実になりすぎていたように思います。その結果，「先生は教えません」「自分たちの力だけで」「誰かを見捨てるクラスは，次の誰かも見捨てる，その次はあなたかもしれない」など'刺激'の強い言葉を連発したり，授業に身の入らない生徒を見つけると「それで全員達成できるのかな」などと嫌みをふくんだような言い方で生徒に接したりしてしまっていたように思います。

　『学び合い』はよいという生徒もいた一方で，当然，一部の保護者や生徒からは，「教師は教えるのが仕事だろ」や「先生は一人も見捨てるなと言っているけど，先生は僕たちを見捨てている」（この言葉はなかなか堪えました。そして今でもなぜこのように言われたかがわかりません。）などと言った声が上がりました。職場の先輩からは「思想がかっている」「一斉指導の力をつけてから，『学び合い』はやるべき」などとご指導をいただきました。今考えると，新米の教師が周りの人にとっては何だかよくわからない実践をして，生徒からも保護者からもクレームがくるのですから当然です。それでも今日まで試行錯誤を続けられたのは，『学び合い』の考え方に納得していたからです。

　今考えるとその頃の私は，授業準備（その時点で『学び合い』セオリーから逸れているのですが…）やそれ以外の業務に追われ，身も心も疲れていました。その一番の要因は心のゆとりなさです。最近では教員の多忙化解消がクローズ

アップされるようになりましたが，学生のころには味わったことのない多忙感は，私の顔から笑顔を奪っていました。それを周りに感じさせないのがプロであることはわかっていても，実際にはそれができなかったわけです。当然，余裕のなくなった人間の視野は狭くなります。一つ一つの問題を生徒個人と結び付けて考えるようになります。そうすると，大局的な視点や周りの生徒に働きかけることで問題解決を図るという発想が生まれにくくなります。

　これは『学び合い』に限ったことではありませんが，心のゆとりがあってこそ，中長期的な展望で教育活動について考えられるのでないでしょうか。

●私の授業の実際
　３つのステップをイメージしています。

〈ステップ1〉
　まず，くじ引きで３〜４人一組のチームをつくり，授業の目標と「五十嵐チェック」（後述）の範囲を確認します。目標は予め自作のプリントに書いてあります。目標は「全員が，○○について説明できる」などとします。

　ちなみに，これは以前，私の授業を参観された先生から「『学び合い』では好きなもの同士で固まってしまうのでは」と指摘されたことがこの方法を思いついたきっかけです。その疑問に対する『学び合い』の考え方による回答は紙面の都合で割愛しますが，かかわる場面を意図的に組み込むためには有効です。

　「五十嵐チェック」（後述）の範囲は，上記の目標と対応する「演習プリント（業者プリント）のNo. ○」，「ワークの○ページ」とします。

〈ステップ2〉
　チームで目標達成に向けて取り組ませます。チームを固定して活動する時間は，業者プリント１枚分の単元にかかる時間（それが５〜６校時分）です。もともとかかわりの少ない生徒同士も交流の場を設けようという趣旨でこの方

第 2 章　中学校の理科で必ず成功する『学び合い』の授業は，どこが違うの？　　*67*

表 3　授業目標の例

〈1 年生の目標例〉
・全員が，プレパラートのつくり方について説明できる。
・全員が，図をつかい，おしべとめしべについてくわしく名称や性質，内容物（中に入っているもの）について下の用語を用いて説明できる。〈用語：やく，柱頭，花粉，胚珠〉

〈2 年生の目標例〉
・全員が，鉄と銅をいっしょに加熱するとどうなるかを説明できる。
・全員が，心臓のつくりとそのはたらきについて，血液の流れる道筋に着目しながら，説明できる。

〈3 年生の目標例〉
・全員が，力が「つり合う」のはどのようなときか説明できる。
・全員が「電解質」と「非電解質」について説明できる。また，食塩，　砂糖，塩化銅，エタノール，塩化水素，塩化鉄，硫酸，水酸化ナトリウムを電解質，非電解質に分けることができる。

法を採用しました。年間で 15 回前後はチームが変わることになります。

　また，ここでポイントとなるのが，何が何でもそのチームで活動しなさいとは言わないことです。「五十嵐チェック」（後述）を受ける際は，そのチームで受けさせますが，その他の活動は他のチームのメンバーとして協力することもありです。とりあえずは，相性の悪い生徒同士であれば，「ねえ，終わった？チェック受けられそう？」「うん，いけるよ。」程度の会話でもかかわりがあればよしとするのが『学び合い』の考え方だと思っています。

　実際の様子として生徒は，はじめは私が自作したプリントと業者プリントに取り組みます。一通り終わった生徒が，チームのメンバーなどに「終わった？」などと声をかけます。しばらくすると，生徒は互いに問題を出し始めます。

　実験・観察がある時もそのグループで活動させます。この時だけは，グループごとに着席しますが，生徒は必要に応じて他のグループに聞きに行ったり，サポートに入ったりすることを奨励します。

　また，チームのメンバー構成をランダムにする理由も説明するとよいと思い

ます。私は、「みんなが将来、社会に出たときには同僚は選べません。決められたメンバーと最高のパフォーマンスをすることが求められます。内心でウマが合わないなと思う人であっても状況に応じて協力することが必要だし、意見を言うべき時には言わなくてはいけない。大人の社会に出たときにいろいろな人と関係を築く練習だよ」「いろいろな人と関係を築ける力は社会に出たときに成功を収める秘訣だよ」などと説明します。

〈ステップ3〉

　授業の目標を達成したと確信をもてるチームごとに、教師のチェックを受けさせます。これが「五十嵐チェック」です。「五十嵐チェック」は、授業の目標を達成していれば当然パスできるはずの口頭試問形式（時には作図問題やパフォーマンステストもあり）のチェックです。メンバーが順番にチェックを受けます。一人でも間違えたら、そのチームはもう一度チェックを受けることになります。何度でも繰り返し受けることができ、決められた時間（5～6校時分）にクラスのすべてのチームがクリアすればチームでの「全員達成」とするのです。（チーム一組の構成メンバーは何人でもOKですが、あまり一組の人数を多くすると時間内に見切れなくなる可能性が高くなります。）そうすると、初めのうちは、クリアしたいがために十分な準備をせずに、何度も繰り返しチェックを受けるチームが現れます。そのような時は、「"下手な鉄砲、数打ちゃ当たる"作戦はダメだよ」「何度受けてもいいけど、私（先生）は一発合格が好きだな。」などと返します。

　チームごとに「五十嵐チェック」をクリアしたメンバーはそれで終わりではありません。私は「君たちの実力、協力、団結力はすばらしい。次は、元々の目標であるクラス全員達成に向けてできることをやってほしい。期待しています。」「五十嵐チェックの練習相手になって上げてもいいし、マンツーマンのアドバイスもいいんじゃないかな」などと声をかけます。

　私は今では、『学び合い』を1校時で決着させようとは考えなくなりました。先にも述べましたが、私の授業では、「目標」（表3参照）でいえば、2～3つ

分，業者プリントの内容量でいえば，プリント1枚分の内容について「導入」から「終末」までの展開に5，6校時を費やすことが普通なのです。そちらの方が安定的に『学び合い』ができますし，生徒も見通しをもって取り組むようになります。

● 『学び合い』的指導の工夫　パート1
─ ほめる時としかる時，視点はその子ではなくその子の周りの子 ─

　教師自身が『学び合い』の考え方を習慣づけておくと，生徒をほめるときの言葉もしかる時の言葉も変わってきます。ポイントはその子ではその子の周りの子です。

　上記ではネガティブな場面を例にとりましたが，素の生徒をよく観察し，よいところを見つけて褒める。ただし，○○ができた。○○を発言したではなく，仲間と協力して進めた，困っている仲間を助けた，分からないことをいろいろな仲間に聞きまくって足で稼いで頑張ったなど，仲間とのかかわりをほめることが大切だと思います。

　また，最近私は，上記のように視点を変えることによってしかる場面でも，改善させるべき点は踏まえつつほめることができるのはないかと思うようになりました。

● 『学び合い』的指導の工夫　パート2
─ 脱・教師依存のために ─

　教師がよかれと思って手を差しのべることは，それが必要な場面もあります。しかし，子どもは失敗してそれを乗り越えることによって，成長するものだと思います。仮に，教師依存の強い生徒の求めに応じ続けていれば，依存体質は変わることはありません。常に何か問題があれば，最後は教師が尻をぬぐってくれるという甘えを生徒がもったとしたら，成長することはできません。それはクラス集団にとっても同じことです。

表2 『学び合い』の考え方による指導例

①：ほめるとき　　②：しかるとき

〈居眠りをしている生徒がいる〉
①：睡魔と闘っている人に声をかけてサポートしている人がいましたね。
②：睡魔と闘っている人がいたのはみなさん見て知っていましたね。一言声をかけてほしかったなあ。

〈授業に関係ないことをしている生徒がいる〉
①：今，○○している人がいたけど，それを見逃さず，声をかけている人がいましたね。大人に言われる前に自分たちで気付けるのがすばらしいですね。"授業に関係ないことをしているのに"それをフォローしたことでほめられるクラスってなかなかいいなあ。
②：いつもの授業では，みんなが協力しながらとてもよく頑張っているのを私は一番よく見て，一番知っています。でもね，今，○○したり，○○したりしている人が何人かいたけど，仮にその時にほかの先生が入ってきたら，どう思うかな？「何だ生徒に自由を与えても，結局勉強なんて進まないじゃないか」と思われると思うよ。一部の人のほんのわずかな「脱線」で，それまで，長い間みんなで頑張った実績がそれで片付けられてしまう。それが私は，すごく嫌です。そう思わない？どうすればよいかみんななら分かってくれると思います。

〈実験・観察中にふざけている生徒がいる〉
①：実験・観察中にふざけている人がいましたが，○○さんが声を上げてくれました。それを続けていたらケガをしたかもしれないその人とその周りの人を救ったのです。拍手！
②：私は，誰一人も理科の授業中にケガをしてほしくありません。痛いのは嫌でしょ。ふざけている人を他人事とのように見ている人もいたけど，一人の失敗によってその人だけでなく，その周りの人が巻き込まれますよ。そして，そのようなゆるんだ雰囲気の中では，ふざけている人とその周辺だけに事故が起きるのではなく，クラスの中の全然関係ないところで事故が起こるのです。そういうのを見てきました。私は予言者じゃないけど，これだけはあたります。今，自分のことを言われているなと自覚のある人もいいでしょうかね。

第2章　中学校の理科で必ず成功する『学び合い』の授業は，どこが違うの？　　*71*

表4　脱・教師依存のための指示の例

　私（教師）に質問する時は，クラスの誰に聞いても分からない時や，教科書，授業プリント（五十嵐自作プリント），インターネット（PC室で授業する時）にも載っていない時です。そうでないときはニコニコしながら「勉強が足りてないんじゃないの？」と言っちゃうからね。それでも質問するということは相当ハイレベルな質問だと解釈します。楽しみです。そして，もし，私しか答えられないような質問をしてきた人には「よく勉強しているね」と言って丁寧に説明します。ただし，他の人から次に同じ質問があったときは，真っ先に説明してもらいます。人は人に教えることによって理解が深まりますからね。初めに聞きにきた人と2番目以降に聞きに人の両方のためにそうするのです。

　語りではなくとも，脱・教師依存のための工夫として，私がやっているのは，例えば観察・実験の場面において必要な指示はすべてプリントアウトするという方法です。

　基本的には観察・実験の場面でも『学び合い』の考え方によって進め，教師の介入は可能な限り避けるようします。しかし，事故が起こる可能性がある実験，例えば，炭酸水素ナトリウムの加熱分解実験や水の電気分解により発生する気体（水素）の性質を調べる実験の際は，教卓の前に集め，安全のために気をつけなければならないことに絞って説明します。

　その他の観察・実験を成功させるためのポイントなどは，あらかじめ印刷物で配っておきます。教科書も活用させます。とはいっても，観察・実験の際はそうでないときよりも教師への質問が増えます。その時は，質問があらかじめ印刷物に記載のない，またはどのチームもそれが解決できない場合については「こちらの想定を越えてきたね。すごいな〜。」と言いながら，丁寧に答えます。（そしてその項目は，次クラスや次年度の印刷物に反映させます。）そのような前提で取り組むと，実験・観察場面においても生徒の質問の回数は激減します。（そのためには，実験器材や材料を完璧にそろえなくてはならないという大変さはありますが，それは一斉指導でも同じことです。）

● 『学び合い』的指導の工夫　パート３

― 授業の振り返りと頑張った成果の可視化 ―

　これは単純に，生徒に授業について振り返りをさせるとともに，頑張った成果を数値で実感させるために私が考えたものです。

チーム・クラス目標達成チェック・ポイント集計表（次頁図１参照）

　生徒は次の項目を記入します。

①…その単元を終えるまでの時数（五十嵐チェックをクリアしなければならない制限時間）

②…学習する内容（該当のプリントのナンバー等）

③…チームごとのチーム名

④…チーム編成日（くじ引きを行った日です。）

⑤…チームメンバー

⑥…暫定順位：自分のチームが「五十嵐チェック」をパスしたクラスの中での順位

⑦…確定順位：すべてのチーム，つまり「全員」が目標を達成した時に順位が確定します。

⑧…獲得ポイント：確定順位１位，２位…，ｎ位のチームの順に，ｎポイント，ｎ－１ポイント…，１ポイントがゲットできます。ただし，全員達成しなければ獲得ポイントはもらえません。

⑨…累計ポイント

⑩…授業の内容について分かったこと振り返り

⑪…チーム・クラスとしての振り返り

　留意することは，人より高得点を獲得することをほめるのではなく，獲得ポイント「１点」を獲得すること（＝全員達成すること）の意義を語ることです。

第2章　中学校の理科で必ず成功する『学び合い』の授業は，どこが違うの？　73

[　]学期　チーム・クラス目標達成チェック・ポイント集計表

～一人も見捨てないチーム・クラスを目指しててポイントをゲットせよ！～　　　　　　　　　年　　番 氏名

回(予定時数)	第1回(①)	第2回(　)	第3回(　)	第4回(　)	第5回(　)
内容 (プリントNo.等を記入する)	②				
チーム名	③				
チーム編成日	④				
チームメンバー	⑤				
暫定順位　　確定順位	⑥　⑦				
獲得ポイント(nチームの場合) 確定順位1位…nポイント 確定順位2位…n-1ポイント 確定順位n位…1ポイント	⑧				
累計ポイント		⑨			
振り返り (授業の内容について分かったこと)	⑩				
振り返り (チーム・クラスとして)	⑪				

図1　チーム・クラス目標達成チェック・ポイント集計表

● 『学び合い』的指導の工夫　パート4

　― ワークの提出のさせ方 ―

　私は生徒にワークを提出させることは重要だとは考えていません。なぜなら，ワークに取組み，提出することに充実感を覚え，"分かったつもり"になる生徒や答えをまる写しする生徒，そもそも教師の提示するペースに自分のペースがあっていない生徒（理科が得意な生徒に多いように思います。私も中学生のころはこのタイプでした。）にとっては，合わないからです。

　しかし，それは多くの教師，生徒にとっては「一般的」でありません。自分が担当するクラスだけそのようなことをしたら，他クラス，他教科との足並みがそろわなくなります。ではどうするか。私は，1～2ページ程度の少ない範囲に取り組ませます。そのような課題を複数回出し，一定回数クリアした生徒を「提出免除」としました。意識の高い生徒は早々にその基準をクリアし，自分のペースで学習を進めていました。意識の低い生徒は，相変わらず提出状況はよくありませんが，他教科同様，テスト当日にまとめて提出させました。

以上はテクニックです。ここで一番大事なのは，クラスの全員で80点（一定点数以上）とることを求め，そのためにはどうしたらよいかを考えさせることです。

また私は，「結果が出るよう勉強すること」を繰り返し求め，効率のよいワークの取り組み方や勉強の仕方などを教えました。ここでのポイントは，「結果が出るよう勉強すること」は強いても勉強方法については強いないことです。子どもたちの有能さを信じることです。

●『学び合い』のメリット・デメリット

『学び合い』を行う上でのメリット・デメリットを挙げてみたいと思います。ただし，生徒にとってのメリットは多方面で紹介されていますので，ここではあえて教師にとっての視点で書きます。

表5 『学び合い』における教師のメリット

①授業中における，ほとんどの「教授」は生徒たちが行うため心のゆとりがうまれる。
②職員室で交わされる生徒の情報とは違った生徒の良さあるいは課題を見つけることができる。
③集団の人間関係の様子がはっきりと観察できる。
④生徒に心から感謝できる。（実践すれば分かります）
⑤生徒に謙虚になれる。（実践すれば分かります）
⑥「俺（教師）があれだけやっているのに」という発想から脱却できます。
　→人それぞれ違うのだから，当然だよねと思えます。

教師としての精神的な側面を多く挙げましたが，ここから還元される生徒のメリットは計り知れません。当然，物理的にも余裕が生まれるので，「全員達成」を目指すクラスづくりの先にある，自身が必要だと思う教材の開発に思いを巡らすこともできます。

第2章　中学校の理科で必ず成功する『学び合い』の授業は，どこが違うの？　75

表6　『学び合い』における教師のデメリット

①生徒の授業評価アンケートや各種テストで結果が出せないと「『学び合い』
　をやってるからだ」と言われる。本当は個人の能力の問題なのだが，「『学
　び合い』は一斉指導ができる教師がやるべき。若手がやるべきではない。」
　などと言われる。結構つらい。
②校内で起きる問題に対して意見を求められたときに『学び合い』で考えれ
　ば…と言いたくなるが，一般的に考えれば"変な"考え方なので発言しに
　くくジレンマに苦しむ。結構つらい。
③一斉指導に慣れた真面目な生徒の授業アンケートなど『学び合い』をやめ
　てほしいと言われると結構つらい。
④何か問題が生じると，やっぱり『学び合い』っていつでも成り立つわけで
　はないのではと思ってしまい，ぶれそうになる。よく考えると授業前の語
　りをおろそかにしていることがほとんど。

●始業5分前に授業がはじまる

　平成29年度の1年生のクラスでは，1学期の後半から始業チャイムが鳴る
前から，前時までの授業の内容に関わって生徒同士で問題を出し合うのが文化
になっていました。さらに驚いたことが起きました。3学期のある日，私が教
室に行くとなんとある生徒が黒板を使い，授業内容に関わって解説を始めてい
たのです。そしてその発問に他の生徒が答えるという「授業」が始まっていた
のです。子どもたちは有能だなと改めて実感しました。

●経験の浅い教師こそ『学び合い』を

　新米の教師が一斉指導の力をつけるには，それなりの犠牲をともないます。
犠牲というのは，勤務時間後のあなたの時間や授業中の生徒の時間です。かつ
て，授業について「今向き合っている子どもは，未来の子どもたちによい授業
を受けさせるための実験台だ。」と言い放った先生がいました。一斉指導で職
能形成するのであるなら，それは仕方のない部分があります。しかし，『学び
合い』なら，教師一人の力だけでなく，生徒の力を借りるのですから，少なく

とも新任教師一人の授業よりもかなりベターな授業ができます。

　生徒，自分の家族，そして自分のために『学び合い』を実践することをおすすめします。『学び合い』なら筆者のようなカリスマではない「普通」の教師がカリスマ教師と同じくらいに子どもの集団を動かすことができる可能性があります。授業を通じて，子どもたちに一生涯の幸せにつながる大事なことを教えることができます。思い立ったが最良の日。今日からチャレンジすることをおすすめします。

第2章　中学校の理科で必ず成功する『学び合い』の授業は，どこが違うの？　　77

5. 『学び合い』に取り組んで，乗り越えて，生徒からもらって

●どのように取り組み始めたか？

「理科はとても楽しい教科で子どもたちも自分が思っているように興味を
もって聞いてくれている」。そのような思いは疑うこともありませんでした。
しかし，年数を重ねるごとに「自分の話していることは本当に伝わっているの
だろうか？」という疑問が強くなってきました。そのきっかけは，生徒たちの
つぶやきでした。生徒たちが相談している時間に「この言葉どう言う意味？」
と隣の生徒に聞いていたのです。つまり，筆者が何の疑いもなく発していた言
葉はそもそも伝わっていないということになるのです。何気ない一瞬ですが，
このつぶやきは私にとって大きな衝撃でした。

　思い返してみれば，筆者が大学の頃に学会や同好会に参加した初期の頃に感
じた感覚そのものだったことを思い出します。つまり，専門家が使用している
専門用語がきっかけで分かりたいことが分からないという経験をしていたので
す。もちろん，学会や同好会は知っていて当たり前という雰囲気は当然です。
なぜなら，学会や同好会というコミュニティはその分野に関心があり知識があ
るということが前提です。しかし，これを学級に置き換えて考えると，クラス
にいる生徒全員が著者のように理科が好きでないことは当然です。そのことを
意識せずに，理科が好きの教員が伝える行為は，理解を阻害してしまうという
ことになるのです。このように，著者が特定の専門分野に取り組み始めたとき
に困っていたことそのものを，筆者は無意識的に良いと思い込み教室で同じ行
為を行っている自分に気づいた瞬間はとても申し訳ない気持ちになりました。

　そのころから著者が教育そのものを考え始めました。多様な性質のコミュニ
ティに出向き，多くの議論を重ね，納得しては問いを持ち，また学ぶ日々が続
きました。性質の異なるコミュニティを行き来し，その経験の中で生じる問い

に納得解をもてたのが『学び合い』でした。著書自身の行動から感じていた教育に求めたいものと，理解の多用性に基づいて"方法論を任せる"という『学び合い』考え方は腑に落ちるものでした。

●どのようにとりくんでいるか？

0−1　1時間をどのように使っている？

　50分の中で基本フレームは，3つあります。多くの『学び合い』の書籍にも書かれていますが，①目標の提示 → ②任せる時間 → ③振り返りという構造をベースに取り組んでいます。

　ここで，時間はどれぐらいの配分か？という質問が聞こえてきそうです。実際，筆者もなかなか聴きにくいところであり，同じ感情をいだいていたこと思い出します。おおよそですが，目標の提示は3〜5分で，任せる時間は35〜40分程度，振り返りは5分程度で実践をしています。もちろんのこと，クラスの状況・単元によって異なりますが，活動の時間の区切りだけは必ず守るように心がけています。この大枠をとらえた上で，各フレームで心がけていることをお伝えできばと思います。

1−1　目標をどのように決めるのか？

　1時間で授業に取り組む際，はじめに悩むのが目標をどのように作っていたらいいだろうか？という疑問ではないでしょうか。実際，本当にクラスの子たちが理解をしてくれるだろか，盛り込みすぎになってはいないだろうか？受け持っているクラスにとって適切であろうかなどを気にかけてしまうと，なかなか目標ひとつとっても奥深さを感じてしまいます。筆者も，同じように悩みの種はつきなかったのですが，巡り巡ってよくできていて活用してみたいと感じたのは指導書のねらいでした。本書を手にする方は，『学び合い』に関心があり，かつ新学習指導要領に対応した授業をどのようにしていけばよいかという熱心な方々だと思いますが，ここはひとつ指導書という誰もが持っており，一定の質が担保されているものを活用し，授業の中で生じる生徒様子を知覚

第2章 中学校の理科で必ず成功する『学び合い』の授業は、どこが違うの？　79

し，考えることからスタートしてみることを同じ初心者としておすすめしたいと考えています。

●観察すること

　『学び合い』で重要なことは観察力と考えています。なぜならば，大半の時間を生徒たちに任せている最中に，"何が起こっているのか？"ということを見取ることが必要と考えるからです。35人の学級であれば，35通りを軸とした事象がおこっていることが予測されます。もちろんこれらのすべての事象をすべて知覚することは不可能です。しかし，学級にとって重要な変容の瞬間を見取る感度はもっていたいものです。"今"受け持っているクラスにとって，重要な事象は何かということを常に自問自答し，最後の5分の語りで伝えるために出来事を見取ることはとても大切であり，『学び合い』における重要な

80

習慣と考え取り組んでいます。

●語ること

　基本的には，授業の最後の5分で全体への語りをします。具体的には，「5分前まではみんなの時間です。5分は先生の時間です。時計を見て自分たちで判断して動いてください」と伝えます。この5分では，全員が課題を達成出来たかどうかということを全体で振り返ること，そして目標達成に向かうためにとった行動を見取り，どんどん可視化していくことを主に行っています。教室での出来事を言語化し，生徒の行動を認め，ひとつひとつ積み重ねていき，目標に向かう集団を涵養（かんよう）していきます。明るく声の大きい生徒の裏で，そっと悩んでいる生徒の横によりそっている生徒がいたり，いつもは一人でいて，行動することをためらっている生徒が勇気を出して，となりの子に声をかけている瞬間。目や耳をこらして教室を歩いていると，感動的な場面に出くわします。うれしいことを共有し，微笑ましい5分として語る時間を必ず毎時間とっています。

　1年生の「植物のなかま」の単元の実践を紹介します。まずは，学校の敷地内にある林（前頁写真）に行きました。そこで，「自分が面白いと思う葉を採取してくる」という課題をだし，自分の感覚で面白い形と感じる植物の葉を採取させました。古くから残る校内の孤立林では，春先になるとタラノメやカンゾウやノビルなどが芽吹いてきます。そこで，生徒たちは思い思いに足元の植物を観察します。中には，生徒同士で小学校や家の近くでの経験を交流し始めます。例えば，「これ家の近くにあった。」とか，「おじいちゃんが食べさせてくれた」など，それぞれの過去の体験を本時につなげ会話が展開されていきます。

　5分ほどの採取を終え，教室に戻りました。生徒それぞれの感覚に基づいて採取された植物の葉は実に多様です。1枚だけでなく，2枚3枚と採取している生徒や，小さな植物を採取している生徒，大きな葉を採取している生徒などがいました。そこで，板書をはじめ，課題を①「自分が採取した植物をス

第2章　中学校の理科で必ず成功する『学び合い』の授業は，どこが違うの？　　81

ケッチする」②「葉脈（平行脈，網状脈）の意味を調べ，みんなの採取した植物を葉脈の見方で分ける（分類）ことができる」と設定しました。

　しばらくは，それぞれが採取した植物の葉を真剣に観察しながらスケッチしているので，静かな時間が続きます。徐々に生徒同士のつぶやきが生まれ，葉脈（平行脈・網状脈）へに関する会話が生まれます。辞書からを理解するもの，実物から理解するもの，友達から聞いて理解するもの，教科書から理解するものなどさまざまです。しかし，言葉や教科書に掲載されている典型的な葉のモデルと，実物にはズレがあります。葉脈の見方をはたらかせますが，実際のフィールドで採取してきた多様な葉を分類することは一筋縄ではいきません。「クラスメイトはどのように判断しているのか？」という関心が生じ，比較の必要性を感じる中でダイナミックに関わりが生まれました。面白い現象としては，網状脈中では相対的に見て平行脈のように見えるものがあり，「これは平行脈だね」と判断されていたのですが，生徒間で議論し，比較が生まれていく中で，平行脈の葉を持っている生徒がいることに気づき（写真右図），再検討が生じました。平行脈の写真の左下にあるカラスノエンドウは，最後まで意見が分かれた植物です。なぜならば，この植物の葉脈は中央に一本の真っ直ぐな葉脈があったからです。写真のように分類された後，全員で集合しました。あ

る生徒が，カラスノエンドウの植物を光にかざしたときに，縦だけでなく横の葉脈も存在することに気づき，生徒たちの一連の議論に決着がつきました。

平成 29 年 3 月に告示された理科の学習指導要領の植物の分類には次のように書かれています。

（イ）生物の体の共通点と相違点
　㋐植物の体の共通点と相違点
　　　身近な植物の外部形態の観察を行い，その観察記録などに基づいて，共通点や相違点があることを見いだして，植物の体の基本的なつくりを理解すること。また，その共通点や相違点に基づいて植物が分類できることを見いだして理解すること。

今日まで植物の分類は典型的な植物の見方を教えることだけにとどまっていたことがほとんどだったのではないでしょうか。昨今話題になったスイセンとノビルの間違いによって起こった食中毒の問題は，文中にある“分類できる”という資質能力をないがしろにしてきた部分があるのかもしれません。生き物に関しても情報化が進み，経験の消失がさけばれる昨今（曽我論文），多用性の中に身を置き“分類できる”ことを課題とした『学び合い』の授業は重要になってくるではないでしょうか。

●E　うまくいかいときはどのように乗り越え方

うまくいかないときは，3 つの行動を心がけています。1 つは前提を共有できる場に出向くことです。前提が共有できるというのは『学び合い』を実践している立場の人が集う場所に学びに行くということです。例えば，『学び合い』のコミュニティは全国各地にあります。近隣のコミュニティに出向き，”今”の自分にとって切実な問題意識をアウトプットし，実践者と共有した上で，類似の内容で困ったり，悩んだりした経験のある方からアドバイスをもらったり，ともに悩んでみたり，自分自身の中にあるもやもやしたものを言語化してもらったりします。このことは，『学び合い』実践者であるという前提から話

をスタートすることができますので，同じイメージを共有しながら，議論することができます。例えば，信州大学教育学部の三崎研究室は大学の週一回のゼミを地域に開いています。開いているというのは，研究室に所属するゼミだけでなく，現職の教員が望めばゼミの議論に参加させていただくことができる仕組みのことです。この場を筆者は参加させていただき，現職での経験に基づく考えや問いを場に出し，理論的な側面から言及してもらうのです。『学び合い』の考え方から意義づけてもらうことができ，新たな気づきを得ることができるとても貴重な経験となり新たなモチベーションが生まれる場合が多いのです。

　もう一つは，前提の異なる場に出向いてみるということです。前提が異なるというのは，『学び合い』を実践しているメンバーの集まりではない教師が集まる場のことです。もちろん，教育について関心のあるコミュニティでないと，話がかみ合いませんので，そこは多少なりとも教育について話す場であることはもちろんです。このような場で，自分のやっていることをアウトプットしてみたり，異なるアプローチをとっている人の話を聴くことで，自分の中での実践を相対化することができ，大切にしていることに気づくことが多いです。

　3つ目は社会で何が起こっているのかということ知るということです。何か話している言葉に実感が伴っていない場合，言葉が上滑りしていることを感じることがあります。このような語りの上滑りを乗り越えるために，筆者はむすんでひらいてという会を共同主催で開いています。このむすんでひらいての想いを紹介したいと思います。

「教育を変えたい」そう願う人はあちこちにいます。学校の先生方，子供をもつ親，経営者や会社員，地域住民…私たちは，それぞれの思いがあって，それぞれに活動している人たち。それぞれの思いがあるけれども，まだ活動に踏み出せていない人たち。そんな人たちが集い，みんなの状況を対話を通じて理解し，そして未来を創造＆想像することで，今を知り，未来を作り出すことが始まるのではないかと考えています。より良い社会を創り出す，より良い教育果たして，それはどのようなものなのでしょうか？答えが1つには定まらないものだからこそ，多くの人と集い・学び・持ち帰るそんな活動を続けています。

面白いことに，ここでも『学び合い』の考え方を会社の経営に生かしている人とも出会いました。

今までの教育現場における時間の使い方にとらわれず，上記のような3つの行動を心がけ，『学び合い』がより確かなものになるために自身も学び続けることが，うまくいかない自分自身を振り返り，乗り越えるために重要なことと考えています。

●完全なアウェイの経験

教師が初心者になる体験をすることです。まったくの初心者である部活の審判講習会でのことでした。試合で審判ができるようになる必要があるということで，勉強のつもりで初心者コースに参加しました。結論から言うと，畑違いから自分のあり方の問題点に気づかされることは実に多いということです。審判講習会で初めての顧問の先生が多い状況で行われました。ある程度の説明があり，コートに出て，モデルとなる生徒にプレーをしてもらいながら，その都度プレーを止めて解説をしてくれています。とても，丁寧であり，わかりやすく話そうとしてくれています。もちろん専門委員の方なので，細部にわたり詳しく説明をしてくれるのです。

しかし，わからないのです。基本的に使われている用語がそのスポーツに関する用語です。例えば，「基本的に副審の見る範囲は，ここなので」とか，「見る範囲？　知らない…。」と思っている間に話が進んでいきます。さらに，「スコアを書くときは，こうでしたよね」という前提で話が進んでいきます。頭の中はたくさんの疑問がが浮かんでいます。

そんな状況が2時間も続くとついていくことに必死で，用語にひっかかるとそれ以後頭に入ってこない場合が多いことを自覚します。できることならば，知り合いがいるといいのですが，ほとんどの参加者は新任だから，お互いを知らない状況でまわりを伺っています。お互いを知らないので，「わからないですよねー」と確認をしにくいのが本音です。学校の話をし，コミュニケーションをとることでもしないと，わからないと言いにくい空気なのです。

第2章　中学校の理科で必ず成功する『学び合い』の授業は，どこが違うの？　　*85*

　これを授業に置き換えてみると，「はっ！」とさせられます。何が，「はっ！」とかと言うと，自分の授業でも，習った理科用語は当たり前のように使っています。しかし，生徒は理科で習った用語を日常会話のように使っているものは皆無と言っていいでしょう。そうすると，忘れているということを前提にしたほうがいいはずです。しかし，そこはあまり意識しないことが多い自分に気づきます。すると，自分が審判講習の時に感じていたように，生徒が用語にひっかかってあたふたしている状況を作り出してしまっていたことに気づきます。

●F　失敗談

　1）『学び合い』を実践していく中で，どうしても気になってしまうことの一つに，生徒たちが関係のない話をしてしまうことが挙げられます。例えば，授業中の様子を見ながら教室を歩いていると，「昨日さ…」などの話が聞こえてくることがしばしばあります。一斉授業の週間で染み付いた「静かにしなさい」という指導は，そう簡単変えることは難しく，「その会話は今必要かな？」と問いかけることを意識しているものの，ついつい語気が強くなってしまったり，顔が引きつってしまったりすることがあります。言ったあとに「違う違う…。」と心の中で叫びながら，待つことの難しさを実感する日々です。

　この“関係のない”話も，少しメタな視点で自分自身の学びを振り返ると，“関係のある”話と不可分の関係にあることに気づかされます。例えば，何かを学ぶときに必ずといっていいほど“関係のない”自己紹介をしますし，休憩の時間などは“関係のない話”で共感できたり，相手の理解が進むことが多いです。こういうことの積み重ねが“関係のある話”をしやすくなっていたことに気づかされます。このように考えていくと，むしろ1学期などの『学び合い』初期の段階は，むしろ関係のない話によって，関係のある話が支えられ，こんな基本的なことを聞いても大丈夫だろうか？と馬鹿にされないかと不安に思ってしまうようなことも相手に相談できるようになってくるのだろうと思いますし，関係があると判断するのは，教師ではないということにも気づかされます。

●H　子どもたちの学びの様子　変容や声

『学び合い』を進め2ヶ月頃のこと。授業の中で次のような会話ケースに出くわすことが多くなりました。

生徒Aが生徒Bにわからないことを聞きにきた場面にて

生徒A「○○くんここ教えて！！」
生徒B「いいよ。ここはこうで，こうなるから，これになるの。それからあそこがこうなって…」
生徒A「なるほど。ありがとう」
生徒B「もういいの？」

このあと，生徒Aは笑顔で納得して自分の席に戻って行きました。この状況から様々なことに気づかされる。第一に教えている側は最後まで教え切らなければならないと思っているが，教わっている側（生徒A）は無自覚かもしれないが，わかりたいことがわかったので，その後の説明は無用だったということです。第二に教師と生徒の関係に置き換えて考えてみると，無用な時間を費やしてしまっていることへの自覚です。上記の会話は生徒間だから生じやすいと考えられます。教員と生徒だと最後まで聞かなければならないという意識がはたらくでしょう。結果として生徒が課題解決する時間を奪ってしまっていることは用意に想像がつきます。

第三に「なるほど。ありがとう！！」というタイミングは生徒によって異なっていました。『学び合い』入門にもあるように，生徒たちは理解の仕方が多様である（三崎 2010）。ということを実感する場面でもありました。

●生徒の感想より

最後に生徒が『学び合い』を経験して，どのように感じているかということをご紹介したいと思います。

・授業は，みんなの力で全員がわかるようにって言っていた。「わかるわけないじゃん」と思っていて，自分から進んで，自分なりにレポートを書いて，

第2章　中学校の理科で必ず成功する『学び合い』の授業は，どこが違うの？　　87

暗記したりと大変だったけど，みんなと協力してこそ乗り越えられたんだなと思いました。

・僕が理科で印象に残っていることは，友達と相談しながらプリントをやることです。あれを期にいろいろな人と話せるようになって，クラスの仲も深まったと思います。

・自分は最初先生の授業を受けたとき，今までにない授業スタイルでびっくりしました。けれど，友達の交流を深めることによって，信頼関係が深まり，また勉強もできるという一石二鳥だと思いました。来年は理科の点数が高い点数でキープできるように頑張ります。

・自分はもともと理科ができなかったんですが，1年だけでここまでできるとは思ってもいませんでした。それはたぶん先生の授業でのことだと思います。最初は友達だけで課題に取り組むスタイルはやったこともないし，はじめてやりましたが，友達と協力して課題に取り組むということは，けっこう楽しいし，理解しやすいと思いました。協力する大切さがわかった気がします。本当にありがとうございました。

参考文献
三崎隆：『学び合い』入門―これで，分からない子が誰もいなくなる！―
文部科学省　中学校学習指導要領　解説　理科編
むすんでひらいてコミュニティ HP：https://www.musunde-hiraite.org/

第 3 章

はじめてでも指導案があれば安心！さあ，レッツ・チャレンジ！

1. 『学び合い』の授業の指導案をつくってみよう

●まず第一に，目標を作ること

　第一に，目標を作ります。

　『学び合い』の授業の指導案をつくるに当たっては，まず手元に教師用指導書を用意しましょう。通常，それぞれの単位時間ごとに目標が例示されていますので，それを参考にしてください。

　授業をしようとしている単位時間の目標を確認できたら，それを具体化します。

●授業で何をさせたいのかをはっきりさせること

　その授業で生徒に何をさせたいのかを吟味します。つまり，その**授業の目的は何かを授業前にはっきりさせることが大切**です。させたいことは１つに絞ることが必須のポイントです。

○覚えさせたいのか。（例）元素記号を覚えさせる。

○実験させたいのか。（例）ものづくりをさせる

○観察，実験の基礎的な操作をさせたいのか。（例）顕微鏡を使えるようにさせる。

○パフォーマンスをさせたいのか。（例）ガスバーナーを実際に使うことができるようにさせる。

○問題解決の能力を発揮させたいのか。（例）共通点と相違点を説明させる（比較する能力を発揮させる）。

○思考力・表現力・判断力を発揮させたいのか。（例）理由を説明させる。

○探究方法を考えさせたいのか。（例）実験方法を説明させる。

○観察，実験結果を使って考察させたいのか。（例）実験結果を使って説明さ

第3章　はじめてでも指導案があれば安心！さあ，レッツ・チャレンジ！　*91*

せる。

○しくみやはたらきを説明させたいのか。（例）刺激を受けてから反応するま
でのしくみを説明させる。

○理解させたいのか。（例）セキツイ動物のなかま分けを説明させる。

●合格基準を示すこと

　させたいことが決まったら，具体的な合格基準を吟味します。つまり，**ど
までできたら合格（OK）とするかを授業前に決めておきます**。一度決めたら，
授業中に変更してはいけません。

○覚えさせたいのか。（例）元素記号をいくつ覚えたら合格か。

○実験させたいのか。（例）どこまで創り上げたら合格か。

○観察，実験の基礎的な操作をさせたいのか。（例）顕微鏡をどこまで使えた
ら合格か。

○パフォーマンスをさせたいのか。（例）ガスバーナーを実際にどこまで使え
たら合格か。

　「説明させる」目標の場合，何をいくつ説明できたら合格なのかを授業前に
決めておきます。

　キー・ワードを示すことも有効な手立てです。たとえば，花のしくみを説明
させる場合には「おしべ」，「めしべ」，「がく」の用語を必ず使うことが必須で
あれば，それをキー・ワードとして明示します。

　『学び合い』の授業では，生徒が目標を達成できたかどうかを自己評価でき
る環境を整えることがとても大切なので，ルーブリックのようにして目標に盛
り込んで示しておくことがポイントです。

●目標を達成した状況を，答えとして示すこと

　目標を達成した場合にどのような状況になるのかを指導案に明記します。そ
れがいわゆる目標に対する教師の期待する答えとなります。指導案では，生徒
の反応の欄に記入します。授業前にはっきりさせておき，授業中に変更しない
ことがポイントです

2. CHALLENGE 1　指導案の実例１：
　　１年物理「身の回りの物質（金属の性質)」

●目標は誤解されないように具体的に

　生徒に対して示す目標は，一読して誤解されないような具体的なものを示します。「金属の性質を調べよう」では性質がいくつあるのか生徒が帰納的に見つけていかなければならないので，ゴールへの道のりが複雑になります。

　そこで，目標として金属の性質が３つあることを明示してゴールが誤解されないよう具体化させることがポイントです。

●導入は教卓に全員を集めて，共通理解をしてからスタート

　授業の冒頭の導入では，生徒を教卓の周りに集めて，金属の性質について共通理解を図ります。金属探知機を用意し，小学校で学んだ“もの”が物体と物質からなっていることを学習し，この授業では金属の性質について学ぶことを理解します。

　４種の金属を用意し，どれが金属であるかを確かめる方法として金属探知機を紹介し，金属の性質を確認する方法を示します。

●探究に必要な教材・教具は教卓の上に用意する

　共通理解が終わったら，目標を提示し，「はい，どうぞ」と活動を促します。

　その際，生徒の探究活動に応じて自由に教材・教具を選択できるように，観察，実験に必要なものを教卓の上に用意しておきます。生徒はその中から，自由に選択し，目標達成に向かいます。

第3章　はじめてでも指導案があれば安心！さあ，レッツ・チャレンジ！　　*93*

中学校第1学年理科『学び合い』学習指導案（略案）

1　単元名　「身の回りの物質」（全25単位時間）
2　本時の位置（第5時）
　　前時　6種類のプラスチックの性質について，クラスのみんなによく分かってもらえるように分かりやすく，自分の言葉で説明することができる。
　　次時　発砲ポリスチレンと鉄はどちらが重いのかについて，実験結果を使って，クラスのみんなによく分かってもらえるように分かりやすく，密度の考え方で説明することができる。
3　本時の目標
　　金属には共通した3つの性質（金属光沢，展性，電流が流れる）があることを，実験の結果を使って，クラスのみんなによく分かってもらえるように分かりやすく，自分の言葉で説明することができる。
4　指導上の留意点
・生徒が選択した探究方法が実現できるよう支援する。
・目標，評価規準を示し，『学び合い』の考え方に基づいて生徒の有能性を信じて，生徒の学習状況を情報公開する。
5　本時の展開

段階	学習活動	予想される生徒の反応	指導援助，評価	時間	備考
導入	・本時の目標を理解する。	・「金属とそうでない物質を区別するには共通した3つの性質があればよいのだろうか。」	・本時の目標と評価規準を示す。	3	・液晶プロジェクタ ・金属探知機
	目標：全員が，金属には共通した3つの性質（金属光沢，展性，電流が流れる）があることを，実験の結果を使って，クラスのみんなによく分かってもらえるように分かりやすく，自分の言葉で説明することができる。				
	・目標達成のための方法を考え，本時の手立てを理解する。	・「どのように考えたらいいのだろう。」 ・「みんなで助け合ってやろう」	・自分にとって最も良い方法で探究することを促す。 ・手立てを示す。	2	
展開	手立て：みんなで助け合いながら（みんなに自分の考えを聞いてもらったり，みんなから考えを聞かせてもらったりしながら，あるいは考えのまとまらない人は考えのまとまった人に考えをまとめるこつを教えてもらったり，考えのまとまった人は考えのまとまらない人に考えをまとめるこつを教えてあげたりしながら），みんなが目標達成できるようにやってみよう。				
	・目標を達成するために相談しながら探究する。 ・分からない人はこつを見つけた人に聞きながら，分かった人はこつを伝えながら調べる。	・「鉄とアルミニウムと銅には，共通してたたくと薄く広がる性質がある。」 ・「鉄とアルミニウムと銅には，共通して電流が流れる性質がある。」 ・「鉄とアルミニウムと銅には，共通して表面に光沢がある。」 ・「金属の鉄とアルミニウムと銅には，表面に光沢があり，電流が流れ，たたくと薄く広がるという共通した3つの性質がある。」	・全員に情報公開した方が良い追究をしている生徒，あるいは発見をした生徒を可視化する。 ・他との関わりがあった場合には褒め，さらなる関わりを促す。 ・立ち歩きを促す。	35	・資料を教卓に置く ・鉄釘，アルミ箔，導線，鉛筆の芯
まとめ	・目標を達成する。	・金属には共通した3つの性質（金属光沢，展性，電流が流れる）があることを，実験の結果を使って，クラスのみんなによく分かってもらえるように分かりやすく，自分の言葉で説明する。	〈評価規準〉 金属には共通した3つの性質（金属光沢，展性，電流が流れる）があることを，実験の結果を使って，クラスのみんなによく分かってもらえるように分かりやすく，自分の言葉で説明することができる。	10	

3. CHALLENGE 2　指導案の実例2：
　 1年化学「身の回りの物質（ロウが燃えた後の物質）」

●目標には「結果を使って」を入れてみよう

　理科の授業では観察，実験を手段として単位時間の目標の達成に向かわせます。したがって，観察，実験によって得られる事実を使って議論することは欠かせません。目標には必ず，「観察，実験の結果を使って」あるいは「観察，実験によって得られる事実を基に」という文言を書きます。はじめてでも成功できる『学び合い』は，そこが違います。

●『学び合い』の企画には目標，評価規準，答えが必須

　『学び合い』の授業を企画する際のポイントは，（1）クラス全体の目標を書くこと，（2）評価規準を書くこと，そして，（3）生徒の反応の欄に，目標に対する教師の期待する答えを書くこと，です。特に，（3）の教師の期待する答えは指導案を作る時点でしっかり作っておくことです。そして，授業が始まっても絶対にぶれずに一貫させておくことがポイントです。生徒の様態を見て判断するようなことがあってはなりません。

●共通して覚えなければならないことはそのまま目標に出す

　全員が共通して覚えなければならない事柄は，「有機物について説明できる」のようにして，覚えさせたいことをそのまま目標に明記します。元素記号や化学式等も同じことです。「元素記号を10個覚えることができる」として目標を出すことが秘訣です。

　生徒は，なんとか効率的に覚えようとして折り合いを付けながら，みんなで協力して目標達成します。

第3章　はじめてでも指導案があれば安心！さあ，レッツ・チャレンジ！　　*95*

中学校第1学年理科『学び合い』学習指導案（略案）

1　単元名　　「身の回りの物質」（全25時間）
2　本時の位置（第7時）
　前時　有機物と無機物について，例を挙げながら，クラスのみんなによく分かってもらえるように
　　　　分かりやすく自分の言葉で説明することができる。
　次時　二酸化炭素と酸素の性質を区別する方法について，実験結果を使って，クラスのみんなによ
　　　　く分かってもらえるように分かりやすく自分の言葉で説明することができる。
3　本時の目標
　ロウが燃えた後にはどのような物質ができるのかを，実験した結果を使って，クラスのみんなによ
　く分かってもらえるように分かりやすく自分の言葉で説明することができる。
4　指導上の留意点
・生徒が選択した探究方法が実現できるよう支援する。
・目標，評価規準を示し，生徒の有能性を信じるとともに，可視化を行って生徒の学習状況を情報公
　開する。
5　本時の展開

題	学習活動	予想される生徒の反応	指導援助，評価	時間	備考
導入	・本時の目標と評価規準を理解する。	「ロウは燃えるとどうなるのだろうか。」	・本時の目標と評価規準を示す。	3	・液晶プロジェクタ
	目標：全員が，ロウが燃えた後にはどのような物質ができるのかを，実験した結果を使って，クラスのみんなによく分かってもらえるように分かりやすく自分の言葉で説明することができる。				
	・目標達成のための方法を考え，本時の手立てを理解する。	「どうやって調べたら良いのだろうか。」	・これからの観察・実験について見通しが持てるよう促す。 ・手立てを示す。	2	
展開	手立て：みんなで助け合いながら（みんなに自分の考えを聞いてもらったり，みんなから考えを聞かせてもらったりしながら，あるいは考えのまとまらない人は考えのまとまった人に考えをまとめるこつを教えてもらったり，考えのまとまった人は考えのまとまらない人に考えをまとめるこつを教えてあげたりしながら），みんなが目標達成できるようにやってみよう。				
	・目標を達成するために相談しながら探究する。 ・分からない人はこつを見つけた人に聞きながら，分かった人はこつを伝えながら調べる。	「集気瓶の内側がくもったことから，水が発生したことが明らかだ。」 「集気瓶の中の石灰水が白く濁ったことから，二酸化炭素が発生したことが明らかだ。」 「ロウが燃焼した後には，二酸化炭素と水ができる。」	・全員に情報公開した方が良い探究をしている生徒，あるいは発見をした生徒を可視化する。 ・他との関わりがあった場合には褒め，さらなる関わりを促す。 ・立ち歩きを促す。	35	・観察，実験器具一式
まとめ	・目標を達成する。	・ロウが燃えた後にはどのような物質ができるのかを，実験した結果を使って，クラスのみんなによく分かってもらえるように分かりやすく自分の言葉で説明する。	〈評価規準〉 ロウが燃えた後にはどのような物質ができるのかを，実験した結果を使って，クラスのみんなによく分かってもらえるように分かりやすく自分の言葉で説明することができる。	10	

4. CHALLENGE 3　指導案の実例 3：
　　1 年生物「葉のつくりとはたらき」

●**複数の観察，実験結果を結びつけて考えさせること**

　生物的領域での顕微鏡観察の場合，顕微鏡下に観察できる事物・現象を生徒が認識することが難しい上に，顕微鏡下での個人観察で終わってしますことが多くあります。

　そこで，目標を設定する際に顕微鏡を観察して発見したことによって終わってしまうことなく，複数の事実を関連づけてどのように考えられるのかを求めるものにします。

　そのことによって，生徒は顕微鏡観察に終わることなく，顕微鏡下で発見できたものについて，友だちと情報交換しながら理由を考え，目標達成に向かいます。

●**生徒の自由な選択を可能とする試料を準備すること**

　生物個体の観察，実験を伴う授業を実践するので，グループ実験の場合にはグループの数だけ試料，顕微鏡を用意します。試料は何回も観察，実験できるように用意します。

　また，観察，実験結果を共有するためには，黒板等に各グループの観察，実験結果を書くことができるように一覧表を用意しておくこともできますし，ワークシートに記載できる欄を作っておいて，生徒同士で情報交換する活動を通して可視化を図ることも可能です。

　『学び合い』の場合，後者が有効に機能します。はじめての人でも取り組みやすく成功への近道です。

第3章　はじめてでも指導案があれば安心！さあ，レッツ・チャレンジ！　　*97*

中学校第1学年理科『学び合い』学習指導案（略案）

1　単元名　　「葉のつくりとはたらき」（全8時間）
2　本時の位置（第3時）
　前時　葉の中身にはどんな細胞があるのかを，ツバキの葉の断面を顕微鏡で観察した結果を使って，
　　　　クラスのみんなによく分かってもらえるように分かりやすく自分の言葉で説明することがで
　　　　きる。
　次時　蒸散する水分の量は葉の表より裏の方が多いことを，実験の結果を使って，クラスのみんな
　　　　によく分かってもらえるように分かりやすく自分の言葉で説明することができる。
3　本時の目標
　　葉の裏と葉の表のどちらに気孔が多く存在するのかを，観察によって発見した事実を使って，理由
　を考えながら自分の言葉で聞き手に納得してもらえるよう説明することができる。
4　指導上の留意点
・生徒が選択した探究方法が実現できるよう支援する。
・目標，評価規準を示し，児童の有能性を信じて『学び合い』を促すとともに，可視化を行って児童
　の学習状況を情報公開する。
5　本時の展開

段階	学習活動	予想される生徒の反応	指導援助，評価	時間	備考
導入	・提示された事象に疑問を持ち，本時の目標を理解する。	・「この前観察したときはどちらだったんだろう。」	・植物の葉を提示する。・本時の目標と評価規準を示す。	3	・液晶プロジェクタ
	目標：葉の裏と葉の表のどちらに気孔が多く存在するのかを，全員が，観察によって発見した事実を使って，理由を考えながらクラスのみんなによく分かってもらえるように分かりやすく自分の言葉で説明することができる。				
	・目標達成のための方法を考え，本時の手立てを理解する。	・「比較する手がかりはないんだろうか。」	・予想し，その理由を説明できるよう促す。・手立てを示す。	2	
展開	手立て：みんなで助け合いながら（みんなに自分の考えを聞いてもらったり，みんなから考えを聞かせてもらったりしながら，あるいは考えのまとまらない人は考えのまとまった人に考えをまとめるこつを教えてもらったり，考えのまとまった人は考えのまとまらない人に考えをまとめるこつを教えてあげたりしながら），みんなが目標達成できるようにやってみよう。				
	・目標を達成するために相談しながら探究する。・分からない人はこつを見つけた人に聞きながら，分かった人はこつを伝えながら調べる。	・「葉の表より葉の裏の方が気孔の数が多い。」・「日光の当たる表には光合成に必要な葉緑体が多く集まるため，気孔が葉の裏に多いものと考えられる。」	・全員に情報公開した方が良い探究をしている児童，あるいは発見をした児童を可視化する。・他との関わりがあった場合には褒め，さらなる関わりを促す。・立ち歩きを促す。	35	・顕微鏡・水絆創膏
まとめ	・目標を達成する。	・葉の裏と葉の表のどちらに気孔が多く存在するのかを，観察によって発見した事実を使って，理由を考えながらクラスのみんなによく分かってもらえるように分かりやすく自分の言葉で説明する。	〈評価規準〉葉の裏と葉の表のどちらに気孔が多く存在するのかを，観察によって発見した事実を使って，理由を考えながらクラスのみんなによく分かってもらえるように分かりやすく自分の言葉で説明することができる。	10	

5. CHALLENGE 4　指導案の実例 4：
1 年地学「大地の変化」

●区別するポイントを見つけながら科学的な見方や考え方を培う

　汎用性の高い能力を習得させるために，鉱物を見分けるポイントを見つけさせるような目標にします。各鉱物の特徴を覚えさせることもできますが，それでは実際の鉱物を見分けることはなかなか難しいものです。

　ここでは，県内に分布する生徒にとって身近な火山灰を複数用意して，その中に含有する鉱物を実際に観察しながら具体的なポイントを説明できるようにさせる展開を工夫します。

　生徒は自由に鉱物を拾い出しながら，鉱物の特徴を考えながら見分けていく作業を通して目標を達成します。

●ものづくりを通して学ぶ

　今回の授業では，各鉱物の試料のサンプル・プレパラートを生徒が手作りする展開となっています。そのために必要な，各鉱物の特徴を記した資料，見本となるサンプル・プレパラートは生徒が自由に参考にすることができるように十分な数のものを教卓に用意しておきます。生徒はいつでもだれでも取りに来て確認しながら目標達成に向かうことができる環境を整えます。

●一人でできる力がついたかどうかを確かめる

　説明できるようになったかどうかを授業の最後に確認します。何も見ないで誰にも聞かないで，一人で説明できるようになって合格です。授業で使ったワークシートと同じ文脈下で試すことがポイントです。

第3章　はじめてでも指導案があれば安心！さあ，レッツ・チャレンジ！　*99*

中学校第1学年理科『学び合い』学習指導案（略案）

1　単元名　「大地の変化」（全19時間）
2　本時の位置（第4時）
　　前時　火山の形とねばりけ，溶岩の色の関係はどうなっているかについて，クラスのみんなによく
　　　　分かってもらえるように分かりやすく自分の言葉で説明することができる。
　　次時　火山岩と深成岩を比較観察し，記録した組織のちがいを使って，その特徴をクラスのみんな
　　　　によく分かってもらえるように分かりやすく自分の言葉で説明することができる。
3　本時の目標
　　教科書に出ている火山灰の中に含まれる主な鉱物のうち，長石と石英を区別する方法（ポイント），
　黒雲母と角閃石と輝石とカンラン石を区別する方法（ポイント）を，実際の火山灰の観察で見つけた
　事実を使って，クラスのみんなによく分かってもらえるように分かりやすく自分の言葉で説明するこ
　とができる。
4　指導上の留意点
・生徒が選択した探究方法が実現できるよう支援する。
・目標，評価規準を示し，生徒の有能性を信じて『学び合い』を促すとともに，可視化を行って生徒
　の学習状況を情報公開する。
5　本時の展開

階	学習活動	予想される生徒の反応	指導援助，評価	時間	備考
導入	・提示された事象に疑問を持ち，本時の目標を理解する。	・「火山灰の中にも色の付いた粒子がある」	・本時の目標と評価規準を示す。	3	・液晶プロジェクタ
	目標：全員が，教科書に出ている火山灰の中に含まれる主な鉱物のうち，長石と石英を区別する方法（ポイント），黒雲母と角閃石と輝石とカンラン石を区別する方法（ポイント）を，実際の火山灰の観察で見つけた事実を使って，クラスのみんなによく分かってもらえるように分かりやすく自分の言葉で説明することができる。				
	・目標達成のための方法を考え，本時の手立てを理解する。	・「それぞれの鉱物はどのような特徴なのだろうか」	・予想し，その理由を説明できるよう促す。・手立てを示す。	2	
展開	手立て：みんなで助け合いながら（みんなに自分の考えを聞いてもらったり，みんなから考えを聞かせてもらったりしながら，あるいは考えのまとまらない人は考えのまとまった人に考えをまとめるこつを教えてもらったり，考えのまとまった人は考えのまとまらない人に考えをまとめるこつを教えてあげたりしながら），みんなが目標達成できるようにやってみよう。				
	・目標を達成するために相談しながら探究する。・分からない人はこつを見つけた人に聞きながら，分かった人はこつを伝えながら調べる。	・「長石はたくさん入っていて，白くていろいろな形がある」・「角閃石は黒くて光沢のある細長い鉱物である」・「輝石は暗褐色のころころした鉱物である」	・全員に情報公開した方が良い探究をしている生徒，あるいは発見をした生徒を可視化する。・他との関わりがあった場合には褒め，さらなる関わりを促す。・立ち歩きを促す。	35	・火山灰・双眼実体顕微鏡
まとめ	・目標を達成する。	・教科書に出ている火山灰の中に含まれる主な鉱物のうち，長石と石英を区別する方法（ポイント），黒雲母と角閃石と輝石とカンラン石を区別する方法（ポイント）を，実際の火山灰の観察で見つけた事実を使って，クラスのみんなによく分かってもらえるように分かりやすく自分の言葉で説明する。	＜評価規準＞教科書に出ている火山灰の中に含まれる主な鉱物のうち，長石と石英を区別する方法（ポイント），黒雲母と角閃石と輝石とカンラン石を区別する方法（ポイント）を，実際の火山灰の観察で見つけた事実を使って，クラスのみんなによく分かってもらえるように分かりやすく自分の言葉で説明することができる。	10	

6. CHALLENGE 5　指導案の実例 5：
2 年物理「電流とその利用」

●何をどれだけ用意しておけば良いの？

　グループごとに観察，実験できるように乾電池，豆電球，導線，スイッチ，電流計をグループごとにバットに入れて教卓の上に置いておきます。生徒はグループごとにそのバットを持って行って観察，実験を進めます。予備の乾電池，豆電球，電流計を用意しておきます。観察，実験が終わったグループからバットに入れて戻してくれます。目標に対する教師の期待する結果と考察を 1 部用意して黒板等に掲示しておきます。

●目標はどうすれば良いの？

　目標は 3 つの中から選択できるようにしておくことがポイントです。観察，実験結果に基づいて，その中のいずれかになるのかについて，生徒が結果を使って説明できるようになる展開を仕組むのです。結果が予測できない観察，実験から結果を予測しながら観察，実験に臨ませる工夫が主体的・対話的で深い学びを生起させることに繋がります。

●ワークシートはどうしたらよいの？

　ワークシートには，自分たちのグループの観察，実験結果を記入する欄とともに，友だちのグループの観察，実験結果を記入できる欄を作っておきます。それも 1 つだけでなく，3 〜 4 グループ分を用意しておくことがコツです。生徒は，教師が指示するまでもなく，自分たちの観察，実験結果とともに周りのグループの観察，実験結果を収集し，相互にチェックし合って折り合いを付けながら，目標達成に向かいます。

第3章　はじめてでも指導案があれば安心！さあ，レッツ・チャレンジ！　*101*

中学校第2学年理科『学び合い』学習指導案（略案）

1　単元名　「電流とその利用」（全33単位時間）
2　本時の位置（第3時）
　前時　電流が流れる回路について，具体的な例を挙げながら，クラスのみんなによく分かってもらえるように分かりやすく，自分の言葉で説明することができる。
　次時　直列回路や並列回路に流れる電流の大きさについて，実験結果を使って，クラスのみんなによく分かってもらえるように分かりやすく，自分の言葉で説明することができる。
3　本時の目標
　豆電球に流れ込む電流$I_ァ$と豆電球から流れ出る電流$I_ィ$が「①$I_ァ$が大きい（$I_ァ$＞$I_ィ$）」「②$I_ァ$と$I_ィ$は等しい（$I_ァ$＝$I_ィ$）」「③$I_ィ$が大きい（$I_ァ$＜$I_ィ$）」のいずれであるのかについて，実験結果を使って，クラスのみんなによく分かってもらえるように分かりやすく，自分の言葉で説明することができる。
4　指導上の留意点
・生徒が選択した探究方法が実現できるよう支援する。
・目標，評価規準を示し，『学び合い』の考え方に基づいて生徒の有能性を信じて，生徒の学習状況を情報公開する。
5　本時の展開

段階	学習活動	予想される生徒の反応	指導援助，評価	時間	備考
導入	・本時の目標を理解する。	「電流はどのように流れているのだろうか。」	・本時の目標と評価規準を示す。	3	・液晶プロジェクタ
	目標：全員が，豆電球に流れ込む電流$I_ァ$と豆電球から流れ出る電流$I_ィ$が「①$I_ァ$が大きい（$I_ァ$＞$I_ィ$）」「②$I_ァ$と$I_ィ$は等しい（$I_ァ$＝$I_ィ$）」「③$I_ィ$が大きい（$I_ァ$＜$I_ィ$）」のいずれであるのかについて，実験結果を使って，クラスのみんなによく分かってもらえるように分かりやすく，自分の言葉で説明することができる。				
	・目標達成のための方法を考え，本時の手立てを理解する。	「どのように考えたらよいのだろう。」「みんなで助け合ってやろう」	・自分にとって最も良い方法で探究することを促す。・手立てを示す。	2	
展開	手立て：みんなで助け合いながら（みんなに自分の考えを聞いてもらったり，みんなから考えを聞かせてもらったりしながら，あるいは考えのまとまらない人は考えのまとまった人に考えをまとめるこつを教えてもらったり，考えのまとまった人は考えのまとまらない人に考えをまとめるこつを教えてあげたりしながら），みんなが目標達成できるようにやってみよう。				
	・目標を達成するために相談しながら探究する。・分からない人はこつを見つけた人に聞きながら，分かった人はこつを伝えながら調べる。	「実験の結果，$I_ァ$が（たとえば 360）mAで$I_ィ$が（たとえば 360）mA で同じだったので，$I_ァ$と$I_ィ$は等しいです。。」	・全員に情報公開した方が良い追究をしている生徒，あるいは発見をした生徒を可視化する。・他との関わりがあった場合には褒め，さらなる関わりを促す。・立ち歩きを促す。	35	・資料を教卓に置く。
まとめ	・目標を達成する。	・豆電球に流れ込む電流$I_ァ$と豆電球から流れ出る電流$I_ィ$が「①$I_ァ$が大きい（$I_ァ$＞$I_ィ$）」「②$I_ァ$と$I_ィ$は等しい（$I_ァ$＝$I_ィ$）」「③$I_ィ$が大きい（$I_ァ$＜$I_ィ$）」のいずれであるのかについて，実験結果を使って，クラスのみんなによく分かってもらえるように分かりやすく，自分の言葉で説明する。	〈評価規準〉豆電球に流れ込む電流$I_ァ$と豆電球から流れ出る電流$I_ィ$が「①$I_ァ$が大きい（$I_ァ$＞$I_ィ$）」「②$I_ァ$と$I_ィ$は等しい（$I_ァ$＝$I_ィ$）」「③$I_ィ$が大きい（$I_ァ$＜$I_ィ$）」のいずれであるのかについて，実験結果を使って，クラスのみんなによく分かってもらえるように分かりやすく，自分の言葉で説明することができる。	10	

7. CHALLENGE 6　指導案の実例6：
　2年化学「化学変化と原子・分子」

●何を準備したらいいの？

　観察，実験を伴う第2学年の化学的領域の内容では，各グループで観察，実験ができるように教材を各グループ分用意して教卓に置いておきます。授業が始まって「はい，どうぞ」と生徒に対して活動を委ねる前に，「観察，実験に必要なものは教卓の上にあるから持って行ってください。」と生徒に対して語ります。必要な事項は模造紙に書いて，黒板等に掲示しておきます。

　特に，質量保存の法則の観察，実験では，教師の期待する結果を得られないグループが現れる可能性があるため，薬品の予備を1～2セット準備しておくことも必要です。

　そうすれば，生徒は必要なときに必要な道具を必要なだけ教卓に取りに来ます。

●どんなふうに展開したらいいの？

　図54というのは，塩酸の入ったビーカーの中に炭酸水素ナトリウムを入れる実験です。目標を提示し終わったら，生徒を教卓前に集めて，教師が演示します。結果を共有します。

　その上で，グループごとに密閉した容器の中で同じ実験をして（実験6A），先の結果と併せて目標達成を図らせる展開です。

　生徒はグループでの実験が終わると，自分のグループ以外のグループに結果を聞きに行って，相互に結果を共有し折り合いを付けながら，全員が目標を達成します。

第3章　はじめてでも指導案があれば安心！さあ，レッツ・チャレンジ！　*103*

中学校第2学年理科『学び合い』学習指導案（略案）

1　単元名　「化学変化と原子・分子」（全29単位時間）
2　本時の位置（第18時）
　　前時　加熱後の物質が加熱前の物質と異なることを，観察，実験結果を使って，クラスのみんなに
　　　　　よく分かってもらえるように分かりやすく，自分の言葉で説明することができる。
　　次時　アンモニアが発生する時の化学変化について質量保存の法則が成り立つことを，観察，実験
　　　　　結果を使って，クラスのみんなによく分かってもらえるように分かりやすく，自分の言葉で
　　　　　説明することができる。
3　本時の目標
　　密閉した容器の中で塩酸に炭酸水素ナトリウムを加えると質量が変化しない理由を，図54の結果
　と実験6-Aの結果を使って，クラスのみんなによく分かってもらえるように分かりやすく，自分の
　言葉で説明することができる。
4　指導上の留意点
・生徒が選択した探究方法が実現できるよう支援する。
・目標，評価規準を示し，『学び合い』の考え方に基づいて生徒の有能性を信じて，生徒の学習状況
　を情報公開する。
5　本時の展開

階	学習活動	予想される生徒の反応	指導援助，評価	時間	備考
導入	・本時の目標を理解する。	・「化学変化の前後で質量は減るのだろうか。」	・図54を演示する。 ・本時の目標と評価規準を示す。	3	・液晶プロジェクタ
	目標：全員が，密閉した容器の中で塩酸に炭酸水素ナトリウムを加えると質量が変化しない理由を，図54の結果と実験6-Aの結果を使って，クラスのみんなによく分かってもらえるように分かりやすく，自分の言葉で説明することができる。				
	・目標達成のための方法を考え，本時の手立てを理解する。	・「どのように考えたらよいのだろう。」 ・「みんなで助け合ってやろう」	・自分にとって最も良い方法で探究することを促す。 ・手立てを示す。	2	
展開	手立て：みんなで助け合いながら（みんなに自分の考えを聞いてもらったり，みんなから考えを聞かせてもらったりしながら，あるいは考えのまとまらない人は考えのまとまった人に考えをまとめるこつを教えてもらったり，考えのまとまった人は考えのまとまらない人に考えをまとめるこつを教えてあげたりしながら），みんなが目標達成できるようにやってみよう。				
	・目標を達成するために相談しながら探究する。 ・分からない人はこつを見つけた人に聞きながら，分かった人はこつを伝えながら調べる。	・「図54では質量が減り，実験6-Aでは質量が変化しなかったことから，密閉した容器の中では，塩酸に炭酸水素ナトリウムを加えた時に発生した二酸化炭素が空気中に逃げていかないので，質量が変化しない。」	・全員に情報公開した方が良い追究をしている生徒，あるいは発見をした生徒を可視化する。 ・他との関わりがあった場合には褒め，さらなる関わりを促す。 ・立ち歩きを促す。	35	・資料を教卓に置く。
まとめ	・目標を達成する。	・密閉した容器の中で塩酸に炭酸水素ナトリウムを加えると質量が変化しない理由を，図54の結果と実験6-Aの結果を使って，クラスのみんなによく分かってもらえるように分かりやすく，自分の言葉で説明する。	〈評価規準〉 密閉した容器の中で塩酸に炭酸水素ナトリウムを加えると質量が変化しない理由を，図54の結果と実験6-Aの結果を使って，クラスのみんなによく分かってもらえるように分かりやすく，自分の言葉で説明することができる。	10	

8. CHALLENGE 7　指導案の実例 7：
2 年生物「動物のからだのつくりとはたらき」

●活動を生徒に任せることによって主体的・対話的で深い学びが生起する

　意識して起こる反応にかかる時間の計測の観察，実験は一人ではできないため，複数の友だちとの連携が必要です。『学び合い』の授業では，目標を提示した後の活動を生徒に委ねるので，彼らは自分たちでより良い方法を考え判断し，具体的な行動として表出させます。トライ・アンド・エラーはするが，その繰り返しによって揺らぎが軽減されていくこととなります。

　ここでも，活動を生徒に任せることによって，必要な情報を自分たちで収集して人数を調整しみんなで協力しながら計測できるようになります。そこでは，主体的・対話的で深い学びが生起するのです。

●合格基準を示す

　答えとともに合格基準を作成して，事前に 1 部を黒板に掲示して，探究活動に入るように工夫します。そのことによって，キー・ワードが示されていなかったとしても，合格基準が明確になっているため，ゴールに向かうモチベーションが上がり，効率性が高くなります。

　同時に，生徒が自己評価できるようになり，そのことによって，周りで困っている友だちへのアプローチを促すことができるようになります。

［合格基準］

・感覚器官，感覚神経，脳・脊髄，運動神経，運動器官，信号の用語が使われている。

・2 つの実験結果を比較しながら述べられている。

第3章　はじめてでも指導案があれば安心！さあ，レッツ・チャレンジ！　105

中学校第2学年理科『学び合い』学習指導案（略案）

1　単元名　「動物のからだのつくりとはたらき」（全15単位時間）
2　本時の位置（第14時）
　　前時　ヒトはまわりの刺激をどこで受容し，その信号はどのような経路で脳に伝えられるのかを，クラスのみんなによく分かってもらえるように分かりやすく，自分の言葉で説明することができる。
　　次時　骨格と筋肉のはたらきについて，クラスのみんなによく分かってもらえるように分かりやすく，自分の言葉で説明することができる。
3　本時の目標
　　刺激を受けてから反応するまでの2つのしくみを，意識して起こる反応にかかる時間の計測と無意識に起こる反応の観察の実験の結果を使って，クラスのみんなによく分かってもらえるように分かりやすく，自分の言葉で説明することができる。
4　指導上の留意点
・生徒が選択した探究方法が実現できるよう支援する。
・目標，評価規準を示し，『学び合い』の考え方に基づいて生徒の有能性を信じて，生徒の学習状況を情報公開する。
5　本時の展開

段階	学習活動	予想される生徒の反応	指導援助，評価	時間	備考
導入	・本時の目標を理解する。	・「刺激を受けるとどのようになるのだろうか。」	・本時の目標と評価規準を示す。	3	・液晶プロジェクタ
	目標：全員が，刺激を受けてから反応するまでの2つのしくみを，意識して起こる反応にかかる時間の計測と無意識に起こる反応の観察の実験の結果を使って，クラスのみんなによく分かってもらえるように分かりやすく，自分の言葉で説明することができる。				
	・目標達成のための方法を考え，本時の手立てを理解する。	・「どのように考えたらよいのだろう。」 ・「みんなで助け合ってやろう」	・自分にとって最も良い方法で探究することを促す。 ・手立てを示す。	2	
展開	手立て：みんなで助け合いながら（みんなに自分の考えを聞いてもらったり，みんなから考えを聞かせてもらったりしながら，あるいは考えのまとまらない人は考えのまとまった人に考えをまとめるこつを教えてもらったり，考えのまとまった人は考えのまとまらない人に考えをまとめるこつを教えてあげたりしながら），みんなが目標達成できるようにやってみよう。				
	・目標を達成するために相談しながら探究する。 ・分からない人はこつを見つけた人に聞きながら，分かった人はこつを伝えながら調べる。	・「感覚器官で刺激を受け取ると，感覚神経が刺激の信号を伝えて，脳・脊髄が認識，判断，命令を行い，運動神経が反応の信号を伝えて，運動器官が行動する。」 ・「感覚器官で刺激を受け取ると，感覚神経が刺激の信号を伝えて，脊髄が命令を行い，運動神経が反応の信号を伝えて，運動器官が行動する。」	・全員に情報公開した方が良い追究をしている生徒，あるいは発見をした生徒を可視化する。 ・他との関わりがあった場合には褒め，さらなる関わりを促す。 ・立ち歩きを促す。	35	・資料を教卓に置く。
まとめ	・目標を達成する。	・刺激を受けてから反応するまでの2つのしくみを，意識して起こる反応にかかる時間の計測と無意識に起こる反応の観察の実験の結果を使って，クラスのみんなによく分かってもらえるように分かりやすく，自分の言葉で説明する。	〈評価規準〉 刺激を受けてから反応するまでの2つのしくみを，意識して起こる反応にかかる時間の計測と無意識に起こる反応の観察の実験の結果を使って，クラスのみんなによく分かってもらえるように分かりやすく，自分の言葉で説明することができる。	10	

9. CHALLENGE 8　指導案の実例 8：
　2 年地学「天気とその変化」

●**教師が何を求めているのかを誤解なく伝える。**

　通常の授業であれば，「空気中の水蒸気が水滴に変化するのはどのようなときなのか説明することができる」となると思われます。生徒は探究を通じて，水蒸気が水滴に変化するときがどのようなときなのかを実験結果を基にして考えます。

　そのとき，何をどこまで説明できるようになったら良いのか判断に困ります。帰納的に見つけていくことはできますが，ゴールが見えない中でゼロから探し出すことはなかなか難しいことです。

　『学び合い』の授業では，教師が何を求めているのかを具体的に活動前に示します。2 つ答えれば良いのか 3 つ答えなければダメなのかが誤解なく伝わります。そのことが生徒の主体的・対話的で深い学びを促します。

●**経験や知識を引き出す資料を用意する。**

　『学び合い』の授業では，経験交換ケースと呼ばれる，自分の日常生活における経験やこれまでに学んできた知識・技能を根拠として周りの友だちと関わり合う会話が現れることが特徴です。

　目に見えない水蒸気を扱うだけに，生徒が自由に使用できる資料として，小学校第 4 学年で学習した水のすがたの変化と中学校第 1 学年で学習した物質の状態変化の資料を A4 版サイズで 1 部用意し，黒板等に掲示するか教卓の上に置いておくかします。生徒は，自分の学びの様態に応じて自由に資料選択することができるようになります。

　また，観察，実験のステップについても資料として黒板等への掲示か教卓上に用意しておくと有効です。

第3章　はじめてでも指導案があれば安心！さあ，レッツ・チャレンジ！　*107*

中学校第2学年理科『学び合い』学習指導案（略案）

1　単元名　「天気とその変化」（全17時間）
2　本時の位置（第5時）
　　前時　継続的な観測記録にもとづいて，気温や湿度の日変化の規則性や，気温と湿度，気圧と天気
　　　　などの気象要素どうしの関連について，クラスのみんなに納得してもらえるように自分の言
　　　　葉で説明することができる。
　　次時　同じ気温でも湿度の高い空気の方が露点が高く，水滴ができやすい理由について，「気温」，
　　　　「飽和水蒸気量」，「湿度」という言葉を使って，クラスのみんなに納得してもらえるように
　　　　自分の言葉で説明することができる。
3　本時の目標
　　空気中の水蒸気が水滴に変わる条件について，教科書の実験の結果を使って，クラスのみんなに納
　得してもらえるように自分の言葉で2つ説明することができる。
4　指導上の留意点
・生徒が選択した探究方法が実現できるよう支援する。
・目標，評価規準を示し，『学び合い』の考え方に基づいて生徒の有能性を信じて，生徒の学習状況
　を情報公開する。
5　本時の展開

階	学習活動	予想される生徒の反応	指導援助，評価	間	備考
導入	・本時の目標を理解する。	・「空気中の水蒸気は，どのようなときに水滴に変わるのだろうか」	・本時の目標と評価規準を示す。	2	・教科書
	目標：全員が，空気中の水蒸気が水滴に変わる条件について，教科書の実験の結果を使って，クラスのみんなに納得してもらえるように自分の言葉で2つ説明することができる。				
	・目標達成のための方法を考え，本時の手立てを理解する。	・「どのように考えたらよいのだろう。」・「みんなで助け合ってやろう」	・自分にとって最も良い方法で探究することを促す。・手立てを示す。	3	
展開	手立て：みんなで助け合いながら（みんなに自分の考えを聞いてもらったり，みんなから考えを聞かせてもらったりしながら，あるいは考えのまとまらない人は考えのまとまった人に考えをまとめるこつを教えてもらったり，考えのまとまった人は考えのまとまらない人に考えをまとめるこつを教えてあげたりしながら），みんなが目標達成できるようにやってみよう。				
	・目標を達成するために相談しながら探究する。・分からない人はこつを見つけた人に聞きながら，分かった人はこつを伝えながら調べる。	・「空気中の水蒸気の量によって霧ができる温度に違いがある。」・「気温が下がると霧や露（水滴）が発生する。」・「水蒸気が水滴になるときには核になるものがあ	・全員に情報公開した方が良い探究をしている生徒，あるいは発見をした生徒を可視化する。・他との関わりがあった場合には褒め，さらなる関わりを促す。・立ち歩きを促す。	35	・教科書の観察，実験一式・資料を教卓に置く。
まとめ	・目標を達成する。	・空気中の水蒸気が水滴に変わる条件について，教科書の実験の結果を使って，クラスのみんなに納得してもらえるように自分の言葉で2つ説明する。	〈評価規準〉空気中の水蒸気が水滴に変わる条件について，教科書の実験の結果を使って，クラスのみんなに納得してもらえるように自分の言葉で2つ説明することができる。	10	

10. CHALLENGE 9　指導案の実例 9：
　3 年物理「運動と力」

●**ゴール・フリーの目標の時に心がけたいこと。**

　理科の授業では，ゴール・フリーとなる目標が設定される授業があります。たとえば，身近な生物を観察しようというような場合です。その探究活動を通して，自然の事物・現象に対する興味・関心が喚起されたりその中から次時につながる疑問等が見いだせたりするものです。

　この授業では，物体の運動を学ぶ第 1 時ですから，生徒がさまざまな物体の運動のようすを観察する探究活動を通して，主体的・対話的にいろいろと学びながら様々な運動を見つけ分類していきます。

　そこでは，ゴール・フリーの目標となっていますが，そこに 2 つのキー・ワードを設定して生徒の学びが拡散したまま授業が終わってしまうことのないように工夫して目標を設定します。

●**観察，実験に臨むに当たって視点を持たせる。**

　理科の観察，実験の場合，ただ単純に観察，実験をさせようと思っても，なかなか教師の期待するような探究活動が行われないことがあります。この授業では，そのような心配を払拭するために，観察の視点として速さと向きの 2 つの視点を目標に盛り込みます。

　そのことによって，生徒はその後の観察，実験に一定の視点を持って臨むことができる上，全員が共通した評価を行うことができるようになります。

　『学び合い』の授業を成功させる秘訣は，そこにあります。

第3章　はじめてでも指導案があれば安心！さあ，レッツ・チャレンジ！　*109*

中学校第3学年理科『学び合い』学習指導案（略案）

1　単元名　「運動と力」（全10時間）
2　本時の位置（第1時）
　　前時　なし
　　次時　手が記録テープを引く運動と水平な面を走る台車の運動を、記録タイマーを使って記録することができる。
3　本時の目標
　　身のまわりの幾つかの物体の運動の特徴を，観察，実験をして得られた短い時間間隔ごとの記録を使って，「速さ」と「向き」を使って，クラスのみんなによく分かってもらえるように分かりやすく自分の言葉で説明することができる。
4　指導上の留意点
・生徒が選択した探究方法が実現できるよう支援する。
・目標，評価規準を示し，生徒の有能性を信じて『学び合い』を促すとともに，可視化を行って生徒の学習状況を情報公開する。
5　本時の展開

題	学習活動	予想される生徒の反応	指導援助，評価		時間	備考
導入	・提示された事象に疑問を持ち，本時の目標を理解する。	・「物体が運動するときの速さや向きはどうなっているのだろうか。」	・教科書の図を提示する。 ・本時の目標と評価規準を示す。		3	・液晶プロジェクタ
	目標：全員が，身のまわりの幾つかの物体の運動の特徴を，観察，実験をして得られた短い時間間隔ごとの記録を使って，「速さ」と「向き」を使って，クラスのみんなによく分かってもらえるように分かりやすく自分の言葉で説明することができる。					
	・目標達成のための方法を考え，本時の手立てを理解する。	・「どのように考えたらよいのだろう。」 ・「みんなで助け合ってやろう」	・自分にとって最も良い方法で探究することを促す。 ・手立てを示す。		2	
展開	手立て：みんなで助け合いながら（みんなに自分の考えを聞いてもらったり，みんなから考えを聞かせてもらったりしながら，あるいは考えのまとまらない人は考えのまとまった人に考えをまとめるこつを教えてもらったり，考えのまとまった人は考えのまとまらない人に考えをまとめるこつを教えてあげたりしながら），みんなが目標達成できるようにやってみよう。					
	・目標を達成するために相談しながら探究する。 ・分からない人はこつを見つけた人に聞きながら，分かった人はこつを伝えながら調べる。	・「ビデオカメラや連続撮影できるカメラを使って撮影すると，一定間隔で物体が変化していることから，同じ向きに同じ速さで運動している。」 「床（水平でなめらかな面）を転がる球は，ビデオカメラによる定点観察をトレースした結果から，速さも向きも変化しない運動であると言える。」	・全員に情報公開した方が良い探究をしている生徒，あるいは発見した生徒を可視化する。 ・他との関わりがあった場合には褒め，さらなる関わりを促す。 ・立ち歩きを促す。		35	・ビデオカメラとデジカメ，トレーシングペーパー準備
まとめ	・目標を達成する。	・身のまわりの幾つかの物体の運動の特徴を，観察，実験をして得られた短い時間間隔ごとの記録を使って，「速さ」と「向き」を使って，クラスのみんなによく分かってもらえるように分かりやすく自分の言葉で説明することができる。	〈評価規準〉 身のまわりの幾つかの物体の運動の特徴を，観察，実験をして得られた短い時間間隔ごとの記録を使って，「速さ」と「向き」を使って，クラスのみんなによく分かってもらえるように分かりやすく自分の言葉で説明することができる。		10	

11. CHALLENGE 10　指導案の実例10：
　　3年化学「化学変化とイオン」

●目標はアウトプット型に

　『学び合い』の授業では，アウトプット型の目標を設定しています。インプットされた情報だけでは理解したつもりになって終わってしまうことが多く，本当によく分かるためにはアウトプットすること（説明したり語ったりすること，書いてみたり問題を解いてみたりすること，パフォーマンスすること）が必要であることに依ります。

　この授業では，クラスのみんなに対して，電離の様子についてイオン式を使って説明させるように工夫しています。

●力試しの確認テストで全員の目標達成を確認する。

　全員が目標を達成したかどうかを評価する方法はいろいろありますが，この授業では，最後に時間を取って力試しとしての確認テストをすることにしました。何も見ないで誰にも相談せずに，陽イオンと陰イオンについて1つずつ例を挙げながら，電離の様子を書いてもらいます。

　書き終わったら隣の友だちと交換して読み合わせます。十分に納得のいく内容としてまとめられていたら合格サインをしてあげます。

●目に見えない現象を可視化させながら説明を促す。

　理科では目に見えない自然現象について，式を使って解釈したりモデル図に表して考察したりする場面があります。ここはイオン式を使って周りの友だちに対して説明するようにさせます。ミクロな現象を式とモデルを使って可視化させ，友だちに対して説明させる活動を通して，より深い理解を促すのです。

第3章　はじめてでも指導案があれば安心！さあ，レッツ・チャレンジ！　*111*

中学校第3学年理科『学び合い』学習指導案（略案）

1　単元名　「化学変化とイオン」（全26時間）
2　本時の位置（第7時）
　前時　原子の成り立ちについて，クラスのみんなによく分かってもらえるように分かりやすく自分の言葉で説明することができる。
　次時　塩化銅が水にとけたときにどのように電離しているのかについて，イオン式を使って，クラスのみんなによく分かってもらえるように分かりやすく自分の言葉で説明することができる。
3　本時の目標
　陽イオンと陰イオンの電離の様子について，イオン式を使って，クラスのみんなによく分かってもらえるように分かりやすく自分の言葉で説明することができる。
4　指導上の留意点
・生徒が選択した探究方法が実現できるよう支援する。
・目標，評価規準を示し，『学び合い』の考え方に基づいて生徒の有能性を信じて，生徒の学習状況を情報公開する。
5　本時の展開

過程	学習活動	予想される生徒の反応	指導援助，評価	時間	備考
導入	・本時の目標を理解する。	・「陽イオンと陰イオンは電離するとどのようになっているのだろうか。」	・本時の目標と評価規準を示す。	3	・液晶プロジェクタ
	目標：全員が，陽イオンと陰イオンの電離の様子について，イオン式を使って，クラスのみんなによく分かってもらえるように分かりやすく自分の言葉で説明することができる。				
	・目標達成のための方法を考え，本時の手立てを理解する。	・「どのように考えたらよいのだろう。」 ・「みんなで助け合ってやろう」	・自分にとって最も良い方法で探究することを促す。 ・手立てを示す。	2	
展開	手立て：みんなで助け合いながら（みんなに自分の考えを聞いてもらったり，みんなから考えを聞かせてもらったりしながら，あるいは考えのまとまらない人は考えのまとまった人に考えをまとめるこつを教えてもらったり，考えのまとまった人は考えのまとまらない人に考えをまとめるこつを教えてあげたりしながら），みんなが目標達成できるようにやってみよう。				
	・目標を達成するために相談しながら探究する。 ・分からない人はこつを見つけた人に聞きながら，分かった人はこつを伝えながら調べる。	・「電気を帯びていない Na は，電子を1個失って，全体として＋の電気を帯びる。Na^+となる。」 ・「電気を帯びていない Cl は，電子を1個受け取って，全体として－の電気を帯びる。Cl^-となる。」	・全員に情報公開した方が良い追究をしている生徒，あるいは発見をした生徒を可視化する。 ・他との関わりがあった場合には褒め，さらなる関わりを促す。 ・立ち歩きを促す。	35	・資料を教卓に置く。
まとめ	・目標を達成する。	・陽イオンと陰イオンの電離の様子について，イオン式を使って，クラスのみんなによく分かってもらえるように分かりやすく自分の言葉で説明する。	〈評価規準〉 陽イオンと陰イオンの電離の様子について，イオン式を使って，クラスのみんなによく分かってもらえるように分かりやすく自分の言葉で説明することができる。	10	

112

12．CHALLENGE 11　指導案の実例11：
　　3年生物「生命の連続性」

●覚える内容は，覚えた内容をそのままアウトプットさせる。

　理科の学習の中には覚えなければならない内容を含むものがあります。自然の事物・現象に対して抱いた疑問を解決すべく観察，実験を行って得られた事実から考察して結論を得るような展開になりません。

　無性生殖もその一つと言えます。そのような場合の『学び合い』の授業では，覚えたことをそのままアウトプットさせるようにします。

●どの自然の事物・現象と結びつくのかを連動させる。

　無性生殖を覚える場合，無性生殖とは何かを暗記するだけでなく，それが実際の動植物とどのように対応するのかまで理解できてはじめてアウトプットに耐え得る力が身に付くことになります。『学び合い』の理科の授業では，覚えるだけに留まらず，覚えたことが自然の中のどの事物・現象と繋がるのかを連動させながら学ばせます。

●双方向にアウトプットできるようにさせる。

　覚えなければならない内容の場合，双方向でアウトプットできるようにします。たとえば，「無性生殖をする植物はコダカラベンケイである」とアウトプットできるとともに，「コダカラベンケイは無性生殖である」とアウトプットできるようにさせることが肝要です。

　『学び合い』の授業では，アウトプットさせるときに「クラスのみんなによく分かってもらえるように分かりやすく」を目標に付します。そのためには相手からどのような質問を受けても答えられるように整理しておく必要が生じ，それが生徒の深い学びを誘発するのです。

第3章　はじめてでも指導案があれば安心！さあ，レッツ・チャレンジ！　*113*

中学校第3学年理科『学び合い』学習指導案（略案）

1　単元名　「生命の連続性」（全23時間）
2　本時の位置（第7時）
　　前時　動物と植物の細胞分裂について，共通点と相違点を挙げながら，クラスのみんなによく分かってもらえるように分かりやすく自分の言葉で説明することができる。
　　次時　植物の有性生殖について，花粉管，精細胞，卵細胞の用語を使って，クラスのみんなによく分かってもらえるように分かりやすく自分の言葉で説明することができる。
3　本時の目標
　　無性生殖について，具体的な例を挙げながら，クラスのみんなによく分かってもらえるように分かりやすく自分の言葉で説明することができる。
4　指導上の留意点
　　・生徒が選択した探究方法が実現できるよう支援する。
　　・目標，評価規準を示し，『学び合い』の考え方に基づいて生徒の有能性を信じて，生徒の学習状況を情報公開する。
5　本時の展開

段階	学習活動	予想される生徒の反応	指導援助，評価	時間	備考
導入	・本時の目標を理解する。	「無性生殖はどのような生殖なのだろうか。」	・本時の目標と評価規準を示す。	3	・液晶プロジェクタ
	目標：全員が，無性生殖について，具体的な例を挙げながら，クラスのみんなによく分かってもらえるように分かりやすく自分の言葉で説明することができる。				
	・目標達成のための方法を考え，本時の手立てを理解する。	「どのように考えたらいのだろう。」「みんなで助け合ってやろう」	・自分にとって最も良い方法で探究することを促す。・手立てを示す。	2	
展開	手立て：みんなで助け合いながら（みんなに自分の考えを聞いてもらったり，みんなから考えを聞かせてもらったりしながら，あるいは考えのまとまらない人は考えのまとまった人に考えをまとめるこつを教えてもらったり，考えのまとまった人は考えのまとまらない人に考えをまとめるこつを教えてあげたりしながら），みんなが目標達成できるようにやってみよう。				
	・目標を達成するために相談しながら探究する。・分からない人はこつを見つけた人に聞きながら，分かった人はこつを伝えながら調べる。	「受精を行わない生殖を無性生殖という。無性生殖では，体細胞分裂によって細胞の数が増え，新しい個体をつくる。」「イソギンチャクやヒドラなどが分裂や出芽などの無性生殖で増える。」「栄養生殖の例として，サツマイモ，オランダイチゴ，コダカラベンケイ，タケがある。」	・全員に情報公開した方が良い追究をしている生徒，あるいは発見をした生徒を可視化する。・他との関わりがあった場合には褒め，さらなる関わりを促す。・立ち歩きを促す。	35	・資料を教卓に置く。
まとめ	・目標を達成する。	無性生殖について，具体的な例を挙げながら，クラスのみんなによく分かってもらえるように分かりやすく自分の言葉で説明する。	<評価規準>無性生殖について，具体的な例を挙げながら，クラスのみんなによく分かってもらえるように分かりやすく自分の言葉で説明することができる。	10	

13. CHALLENGE 12　指導案の実例12：
3年地学「地球と宇宙」

●**答えを1部黒板に掲示するとともに必要な資料をすべて掲示する。**

　第3学年の天体の単元は，空間概念の形成を目指す内容が多く盛り込まれています。そこでは，理科の見方・考え方を働かせて科学的な見方や考え方を育てます。

　そこで，生徒には観察，実験の結果や資料を基にして考えさせることが必要となります。授業前に必要な資料を用意して黒板に掲示します。また，三日月，上弦，満月，下弦の月の見え方と位置関係に関する答えを1部黒板に掲示しておきます。自由に観察，実験できる月・地球・太陽のモデル実験器をグループ数だけ用意しておきます。

　活動が始まると，生徒は自由に立ち歩きながら，周りの友だちに教えたり教えてもらったりしながら目標達成に向かいます。

●**困っている友だちがだれなのかを可視化する。**

　欠席者を除いて，生徒の名簿番号を黒板に書いておきます。困っている友だちが誰なのかを可視化するためです。「はい，どうぞ」で活動が始まると，目標を達成した生徒が自分で黒板のところに来て，自分の名簿番号のところに○印を付けます。自分が目標を達成したことを，クラスの友だちで知らない人がだれもいない状況となります。『学び合い』ではそれが欠かせません。

　全員の名簿番号に○印が付けば，全員の目標達成となります。

第3章 はじめてでも指導案があれば安心！さあ，レッツ・チャレンジ！ *115*

中学校第3学年理科『学び合い』学習指導案（略案）

1 単元名 「地球と宇宙」（全20単位時間）
2 本時の位置（第16時）
　前時　地球が地軸を傾けたまま公転することによって1年の間に太陽高度と昼間の長さが変化するために季節による気温の変化が起きることを，夏至と冬至を例に挙げて，クラスのみんなによく分かってもらえるように分かりやすく，自分の言葉で説明することができる。
　次時　日食と月食がなぜ起きるのかについて，クラスのみんなによく分かってもらえるように分かりやすく，自分の言葉で説明することができる。
3 本時の目標
　三日月，上弦の月，満月，下弦の月が見えるとき，次の3つについて，クラスのみんなによく分かってもらえるように分かりやすく，自分の言葉で説明することができる。①それぞれ太陽・地球・月はどのような位置関係になっていますか。②①のときどのような形に見えますか。③①のとき②のように見えるのはなぜですか。
4 指導上の留意点
・生徒が選択した探究方法が実現できるよう支援する。
・目標，評価規準を示し，『学び合い』の考え方に基づいて生徒の有能性を信じて，生徒の学習状況を情報公開する。
5 本時の展開

階	学習活動	予想される生徒の反応	指導援助，評価	時	備考
導入	・本時の目標を理解する。	・「それぞれの月はどのような位置関係の時にどのように見えるのだろうか。」	・本時の目標と評価規準を示す。	3	・液晶プロジェクタ
	目標：全員が，三日月，上弦の月，満月，下弦の月が見えるとき，次の3つについて，クラスのみんなによく分かってもらえるように分かりやすく，自分の言葉で説明することができる。①それぞれ太陽・地球・月はどのような位置関係になっていますか。②①のときどのような形に見えますか。③①のとき②のように見えるのはなぜですか。				
	・目標達成のための方法を考え，本時の手立てを理解する。	・「どのように考えたらいいのだろう。」・「みんなで助け合ってやろう」	・自分にとって最も良い方法で探究することを促す。・手立てを示す。	2	
展開	手立て：みんなで助け合いながら（みんなに自分の考えを聞いてもらったり，みんなから考えを聞かせてもらったりしながら，あるいは考えのまとまらない人は考えのまとまった人に考えをまとめるこつを教えてもらったり，考えのまとまった人は考えのまとまらない人に考えをまとめるこつを教えてあげたりしながら），みんなが目標達成できるようにやってみよう。				
	・目標を達成するために相談しながら探究する。・分からない人はこつを見つけた人に聞きながら，分かった人はこつを伝えながら調べる。		・全員に情報公開した方が良い追究をしている生徒，あるいは発見をしている生徒を可視化する。・他との関わりがあった場合には褒め，さらなる関わりを促す。・立ち歩きを促す。	35	・資料を教卓に置く・観察，実験器具一式
まとめ	・目標を達成する。	・三日月，上弦の月，満月，下弦の月が見えるとき，次の3つについて，クラスのみんなによく分かってもらえるように分かりやすく，自分の言葉で説明する。①それぞれ太陽・地球・月はどのような位置関係になっていますか。②①のときどのような形に見えますか。③①のとき②のように見えるのはなぜですか。	〈評価規準〉三日月，上弦の月，満月，下弦の月が見えるとき，次の3つについて，クラスのみんなによく分かってもらえるように分かりやすく，自分の言葉で説明することができる。①それぞれ太陽・地球・月はどのような位置関係になっていますか。②①のときどのような形に見えますか。③①のとき②のように見えるのはなぜですか。	10	

あとがき

　最後までお読みくださり，ありがとうございました。

　最後まで読んでくださったあなたが，30年後を担う目の前の子どもたちを30年後の未来に，認知的，倫理的，社会的能力，教養，知識，経験を含めた汎用的能力を遺憾なく発揮できる人材に育てるために，私たちと一緒に歩みを進めてくれることを期待してやみません。

　私たちは一歩先を見て仕事をします。

　1週間後の仕事，1か月後の仕事，そして3か月後6か月後1年後の仕事を見据えてスケジュールを組みます。すぐにしなければならない仕事依頼が舞い込んだときに，即時対応しているかのように思えるでしょうが，それは先を見据えて準備して仕事をしている環境を整えているからこそ，対応を即時的に行うことができるだけのことです。

　もちろん，準備していない突発的な業務依頼も来ますが，決して先延ばしにはしません。一度先延ばしにすると二度目があり三度目が必ずあり，雪だるま式になってやがて放置してしまうことをいやというほど知っているからです。

　仕事を任される立場になればなるほど，ずっと先を見据えて業務をこなしていかなければ，任された部署そのものの存在が危うくなるのは自明です。1年後どころから数年後いや20年後の舵取りを見誤ると壊滅することは歴史が物語っています。

　学校現場ではどうでしょう。

　今目の前にいる子どもたちに即時的に対応しなければならないことは言うまでもありません。

　目の前の子どもたちにはこんな力を身に付けてほしい，こんな子どもたちに育てたいという思いや願いをもって教育に当たっていることだと思います。

　しかし，ずっと先，20年後や30年後の子どもたちを見据えることも大切です。30年後にどんな人材になって育っていてもらうことが彼らにとっての幸

せなのかを見据えた上で，今をどうしたらよいのかを考える機会を持ってほしいものだと願うばかりです。それが，人格の完成を目指して，平和で民主的な国家や社会の形成者として必要な資質を備えた人材を育てることに直結するからです。

　30年後を幸せに生きる子どもたちの集団を育てる教育が，『学び合い』の考え方です。

　『学び合い』は汎用性が高く，様々な場面で有効に機能します。シンプルな考え方で誰にでも実践できて，結果も必ず得られます。本書では中学校の理科にの一部の単元のみご紹介しましたが，どの学年のどの単元でも安定した成果が残せます。

　それゆえ，今，日本中に『学び合い』が広がっています。ぜひ，取り組んでみていただければと願っています。

　なお，『学び合い』の目的と意義について詳しく知りたい方には「これだけは知っておきたい『学び合い』の基礎・基本」（学事出版）を，『学び合い』の課題づくりについて知りたい方には「『学び合い』カンタン課題づくり」（学陽書房）を，『学び合い』の授業の進め方，語り方やノウハウについて知りたい方には「明日から使える『学び合い』の達人技術」（大学教育出版）を用意しています。参考にしていただければ幸甚です。

　最後になりましたが，本書の出版に当たっては大学教育出版の佐藤守様に大変お世話になりました。心から感謝申し上げます。

編者

■編著者紹介

三崎　隆（みさき・たかし）

1958 年新潟県生まれ。信州大学学術研究院教育学系教授。博士（学校教育学）。専門は臨床教科教育学，理科教育学。一人も見捨てない教育の実現を目指して，理論と実践の往還を進めている。主な著書に「『学び合い』入門」，「はじめての人のための理科の授業づくり」（以上，大学教育出版），「これだけは知っておきたい『学び合い』の基礎・基本」（学事出版），「教師のための『学び合い』コミュニティのつくり方」（北大路書房），「『学び合い』カンタン課題づくり」（学陽書房）等。

執筆者紹介
第 2 章
1. 山梨県富士川町立鰍沢中学校　教諭　岩﨑真也
2. 長野県軽井沢町立軽井沢中学校　教諭　小林司
3. 長野県軽井沢町立軽井沢中学校　教諭　川上早苗
4. 元新潟県魚沼市立入広瀬中学校　教諭　五十嵐洋貴
5. 長野県須坂市立墨坂中学校　教諭　佐々木宏展
上記以外、信州大学　教授　三崎隆

はじめての人のための
中学校理科の『学び合い』

2018 年 10 月 20 日　初版第 1 刷発行

■編 著 者──三崎　隆
■発 行 者──佐藤　守
■発 行 所──株式会社 大学教育出版
　　　　　　　〒 700-0953　岡山市南区西市 855-4
　　　　　　　電話 (086) 244-1268 代　FAX (086) 246-0294
■印刷製本──モリモト印刷㈱
■Ｄ Ｔ Ｐ──林　雅子

©Takashi Misaki 2018, Printed in Japan
検印省略　落丁・乱丁本はお取り替えいたします。
本書のコピー・スキャン・デジタル化等の無断複製は著作権法上での例外を除き禁じられています。本書を代行業者等の第三者に依頼してスキャンやデジタル化することは、たとえ個人や家庭内での利用でも著作権法違反です。

ISBN978-4-86429-539-0